es gibt eine ordnung
die alles vergisst
nur das leben nicht
es ist die ordnung der wörter
der wörter die machen
dass wir bemerken
wie unaufrichtig die leere sein kann
in die wir starren
wenn wir sie ignorieren

Hans-Jürgen Hilbig

Keiner Kann Schweigen

Gedichte

Bibliografische Information der Deutschen Nationalbibliothek:
Die Deutsche Nationalbibliothek verzeichnet diese Publikation in der Deutschen Nationalbibliografie; detaillierte bibliografische Daten sind im Internet über http://dnb.dnb.de abrufbar.

© 2018 Hans-Jürgen Hilbig

Herstellung und Verlag: BoD – Books on Demand, Norderstedt

ISBN: 978-3-7386-5372-4

Franz Kafka

die leere des mondes erstaunte ihn
das meer mit seinen wellen
die schiffe die unter ihm begraben
wurden
die nähe und die schritte die sich
von der nähe entfernten
machten ihn taumeln
er lächelte
bald werde ich wieder auf der bank
sitzen
werde warten auf die nächste nähe
werde spüren was verlangen heißt
und werde schlafen
ohne zu schlafen
werde an meiner nacktheit ersticken
und **so** sagen
einfach **so** damit auch das einmal
gesagt wurde

er dachte es wird nie wieder so sein
der gedanke machte ihn nicht einmal traurig
er saß vor der leeren tasse
drückte das buch fest an sich
so wie es vögel an den wintertagen
mit ihrer letzten mahlzeit tun
er schrie
nur kurz

natürlich hatte er angst es könnte
jemand gehört haben

was war los
er saß auf der galerie und sah hin-
unter
unten kämpften sie um das wohl
der menschheit
sie tanzten und griffen um sich
sie griffen so laut um sich dass er
angst hatte einzuschlafen

es winkte eine
eine die ihn mit einem lächeln straf-
te
sie legte die decke über ihn
später
als er schon nicht mehr fror

als er erwachte war er eine maus
er zögerte nicht
er rannte ins nächste mäuseloch
er bestand die aufnahmeprüfung
der mäuse
sie gurrten wie zwiebeln wenn sie
traurig sind
er versprach alle gesetze einzuhal-
ten
auch die unmöglichen

demnächst wird er vor einer katze
stehen
er wird sie ansehen
ihr zulächeln und sagen
geh besser
sonst atme ich dich ein

Samuel Beckett

ein mann
sitzt am hafen
in der nähe eine fliege
ich würde die fliege nicht erwähnen
wenn sie nicht dauernd sein gesicht
suchte
er fragte
was hast du
er sprach mit der fliege
sie sah den orten ähnlich
die er verlassen hatte
er erinnerte sich
an dunkle straßen
an hellen schlamm
er erinnerte sich an kulturschaffen-
de die pausenlos überquollen vor
trauriger lebensfreude
er sagte ihr ich hatte geträumt ein
fußballspiel
vfb gießen gegen ich weiß nicht
die ganze welt
vfb führte
durch gute tore
zweizunull
im tor vom vfb stand ein kleines
mädchen

ein hoher ball kam in ihre richtung
sie hatte den ball doch schon festgehalten
sie zögerte und schon rutschte der ball von ihren händen
ins tor
das kommt vor rief der fachmann
die bälle sind heute glatt
früher waren sie fester und er dachte an die
warmen socken die von der großmutter gestrickt wurden
damals
als alles noch lebte
der erste und der zweite weltkrieg
damals schwamm sein großvater lange im fluss
sein vater rief krokodile aber er meinte es nicht so
das kleine mädchen legte den ball zurecht
sie blickte auf die zeit wie auf eine urne
sie zitterte nicht

Bruno Schulz

er erinnerte sich
es war wie im märchen
er kam aus dem knast
besuchte einen freund
saß auf einer bank und wurde
von ihr gesehen
deshalb verschwand er
er verschwand weil er angst hatte
angst sie könnte gesehen haben
woher er kam

sein lächeln kroch aus ihm heraus
er floh
floh aus seinem gedanken
es floh auch sein gesicht
was blieb war viel
war der rest und sorgte sich um ihn
er sah sie an einer grünen ampel
stehen
warum ging sie nicht
sie wartete auf ihn
warum auf ihn
er dachte
die meisten bleiben nicht stehen
wenn sie stehenbleiben ist es nur
der anfang
wenn alles beginnt und man

nicht weiß dass der andere
schnarcht oder petzt wenn man
etwas tut
was man nicht tun darf

er war in großer verwirrung
stürzte durch die straßen
ging in kneipen in die hineinzuge-
hen
nicht erlaubt ist

er dachte
wenn ich nur so lange verschwinde
bis ich vergesse
wer ich bin

er stand vor ihr und fragte sie
so lange
bis sie verschwand

sie verschwand wie sie aufgetaucht
war
sie verlor dabei nichts
sie dachte nur
dafür wird man geboren
dass man die straßenseite wechselt
weil auf der anderen seite der liebs-
te geht

Ernst Jandl

wer bist du
bist du
es
ich bin es
du esel
ich bin es doch
bin es immer gewesen
auch als du glaubtest
als du es sagtest
als du auf der toilette warst und
für fünfzig pfennig hinunterspültest
was auch du warst

bist du es
bist du es der du nie warst
der du gerne gewesen wärest
in der sprache der gesunden
in der sprache der schönen
versunken wie ein abendhimmel
immer die grenzen einhaltend
du sprachst mit dem wind
du siehst mit den tränen
wenn du augen hättest
würdest du sie einschließen

du
du bist es doch

der himmel zu kurz
zu kurz für die welt
die welt als empfang
die geräusche der unruhe
du hörst
was die ameisen dir zu sagen ha-
ben
hör zu
hör zu
sie reden in dir

Boris Vian

man schneide einen aal um drei
zentimeter länger und durchsuche
seinen blick nach hunger
man gebe etwas dorfmusik in den
topf
man glühe vor liebe
liebe rita
verzeih mir die nacht in der ich von
dir träumte
wir lagen lachend im schnee
wir verführten die angst
wir sangen
es wird alles besser
wenn wir schlafen
ach rita
wir schliefen ja und als ich erwachte
glaubte ich dich sagen zu hören
es regnet in einem städtchen in
bosnien
zwei türen öffnen sich leise
jemand der vergessen hat wie er
heißt
schaut zum fluss und nennt ihn
beim namen
diesen fluss hatte es immer gege-
ben
als sie fragte

hast du das geträumt und ich ant-
wortete
als würde ich schlafen
rita bist du es
sie war es
sie trank aus meinem suppentopf
sie verzog keine miene als ich lä-
chelte
als sie lächelte dachte ich
so hat weder der erste noch der
zweite weltkrieg gelächelt

Alexander Puschkin

wie weit wollen wir gehen fragte er
seine liebste
sie zeigte auf die spuren
auf die schritte die hinter ihnen la-
gen

ich habe geschossen, er schüttelte
den kopf
es klang als hätte er sich geirrt und
das
gesagte stünde ihm gar nicht zu

ich habe mich selbst getroffen
meinte der dichter
sie sah ihn an und hätte ihn gerne
umarmt
aber wie

er war ein abwesender flüsterte der
dichter
das habe ich gesehen
er war so beunruhigt dass ich auf
den falschen schieße

und dann hast du
sie sah ihn an
er nickte

dann habe ich auf den falschen ge-
schossen
er stand da und ich dachte
man müsste ihm tränen ins gesicht
tragen

bleiben wir stehen, bat sie
sie hauchte es im ton einer ver-
gesslichen
eine die flieht
eine die immer ein gesicht hat
egal wen sie liebt

Marina Zwetajewa

da geht wer in eine umarmung
es ist nicht wichtig wer
es ist wichtig dass es eine umar-
mung ist

sie versteckt ihren namen in den
augen
in den augen zweier die es verdient
haben
nicht zu wissen
wer es zusammenhält

jemand hebt die hand
wird mit einem satz gepflegt
sucht nach antworten
auf die es keine fragen gibt

tastet die berührung ab
sucht nach dem sinn
sieht ihre augen und weiß bescheid

Else Lasker-Schüler

sie sitzt auf einem stuhl
es könnte auch ein baum sein

sie sitzt auf einem baum und denkt
es könnte auch ein stuhl sein

in ihr wachsen die stühle und
die bäume
sie lässt sich nicht aus den augen

in ihren kellern verlässt niemand
eine türe
sie versteckt die alten nächte
sie sitzt auf keinem stuhl
in ihr wachsen keine bäume

in ihr ist es still
so still dass man glaubt die
anderen gräber zu hören
die lauschen
ob da jemand schreibt

Peter Esterhazy

es gab einen mann der brannte da-
rauf
er brannte darauf die worte einzu-
schließen
sie zu bedecken und sie zu öffnen
dieser mann war verliebt
war verliebt in das leben
er war aufm sprung
er war verzagt
er dachte
das ist ein rätsel
er dachte das ist gewitzt
er ging ohne grund durch
einfach durch
er hielt nicht an
er verschwand nicht
er beruhigte sich einfach
der mann schmiss die tür
eine frau versuchte ihn zu verste-
hen
sie duschte unter dem klavier des
taugenichts
er hieß esterhazy
er begann aus dem text zu fliehen
er schrie ihre brüste auch
im zimmer weinte jemand
weinte jemand risse in die tapete

der mann verwarf den roman
er umarmte eine geste
er umarmte den wein der in das
letzte glas tropft
seine augen fielen zu
sein gesicht hatte etwas verloren

Susan Sontag

sie stieg in diesem hotel ab
legte sich ins bett
sie war voller unruhen die so ruhig
waren
dass sie beunruhigt weiterschlief
ohne
dass sie die augen öffnen musste

ein nicht geschlossenes fenster
es rauschte ein wind hinein
betrachtete sie
sie die schlief
so viel lange jahre schon

sie erinnerte sich im traum an ihren
ersten schrei
jenen
den wir alle betrachten wenn wir um
uns sind
schweigend
in einem moment wo niemand ver-
loren gehen kann

manchmal erwachte sie
öffnete die augen
fragte sich ob sie das fenster
schließen soll

stand nicht auf
zumindest manchmal stand sie
nicht auf
blieb alles liegen was um sie war
auch was sie fürchtete
die letzte umarmung
das letzte wort

manchmal stand sie doch auf
sah hinaus
sah die stadt
sah die nacht die sich in der stadt
fühlte wie
angekommen
wie zärtlichkeit von der man an-
fangs nichts erwarten kann
weil sie nicht auf unseren ruf hört
sondern auf unsere unsicherheit

eine straße nach ihr benannt
ein gefühl der unordnung
sie wusste in dieser stadt konnte
alles passieren
können mehr menschen glücklich
werden als irgendwo sonst auf der
welt und im nächsten moment
wächst die trauer zur tragödie
weil irgendwer hineinsticht
in eine alte wunde

Michail Bulgakow

er hatte sich verlaufen
der gute
er sammelte parkscheine
er wusste nicht wozu
er sammelte punkte
wenn er genug davon hatte
konnte er rosa ein tablet schenken
sie wünschte es sich so sehr

die erde war immer noch ein planet
nur dass sie flacher wurde und
sich weiter isolierte
immer weiter

ohne richtig hinzusehen hätte er
gerne
jeden ihrer schritte überwacht
wem lächelt sie zu und wem schickt
sie fotos von sich
fotos die mit jedem klarkommen
fotos die einen menschen zeigen
den er nie kennenlernen wird

wer bist du wenn du nicht
bei mir bist
möchte er fragen

er möchte es fragen und sich neben
die frage stellen
als hätte er nichts damit zu tun

die guten suchen
sie suchen und suchen immer nur
das gute
sie suchen vierundzwanzig stunden
am tag das gute

dabei müssten sie doch wissen
müssten wissen dass sich das gute
längst verlaufen hat

Ilse Aichinger

da ist ein land
da liegen felder
dunkle felder mit narben im gesicht
da sind die reste
die reste vom nicht-schlafen-
können
dieser geruch
diese letzte zigarette träumt davon
nicht auszugehen

diese einsamkeit
du erkennst sie
sie liegt auf der haut
sie berührt
dich nicht
du vergisst es
du vergisst es notizen zu machen

du hast doch immer notizen ge-
macht
in den cafes
in den abgründen
dein spiegel lag in dir
du hast dich gesehen
du bist die letzte gefangene
nach dir kommen nur noch befreite

befreite die darüber hinwegsehen
was es heißt
mitten in der spur verschwunden zu
sein

du begegnest den anderen wie jene
strophen
die es dir mal erlaubten
wegzugehen
du bist in der nacht die erste die
vergiss es ruft und
hast es selbst als letzte nicht ver-
gessen
was es heißt

die letzte hoffnung gewesen zu sein

Sylvia Plath

weil alle menschen glauben dass
sie glücklich sein müssen
ist es niemand
weil alle lächelnden bereits in der
fernsehwerbung untergebracht wur-
den
lächeln die meisten nur
um sich mit ihnen zu messen

sie bewegt sich
sie bewegt sich

aus den ofengesichtern platzen die
letzten offenen stellen
es ist so warm kinder dass man den
geruch der enge vergräbt

was beginnst du in der fremde
in der neuen stille
mit den offenen augen einer ge-
sichtslosen
das ist der punkt
du kannst deine gedichte nicht
mehr wecken

du brennst durch

der backofen wirkt gespalten
er himmelt die welt voller zähne an
aber er ängstigt sich auch davor

Johann Wolfgang von Goethe

als sein leben begann
als er ging

als er das erste mal ging
ganz am anfang

als der schrei verschwand und
niemand sah wohin

als es still war
keiner sagte
keiner wagte es
zu sagen

als sein leben verschwand
als es begann
es begann ernst
er dachte
es endet
aber es endete nicht

es war nur schwierig
es war ganz leicht zu verschwinden
für einen kurzen moment dachte er
es ist gut
gut zu sagen
das hat sich nicht gelohnt

überall war geschrei
das ganze haus gab auf
heute wird dort renoviert
heute schütteln die bauarbeiter die
köpfe
weil irgendwo am rande einer steht
und
nicht weiß
wohin er soll

Paul Celan

die zukunft wird reißen
die wunde hält den mund (auf)

alles dauert
verfangen in einem augenblick

du bist ein teil davon
du siehst was andere sehen
aber nicht sehen wollen

du treibst dahin
wie viele orte
benennst du

du schweigender
die flüsse fallen über dich her
erzählen
er war da
aber ging in die SEINE

du erkennst die taubheit
der leute
wenn die dichter zu fliehen beginnen

haben wir noch pläne
lachen wir darüber

zeigen wir in die zukunft
wissen wir nicht wohin

es geht jemand vorbei und
man sagt es auch so
man sagt in aller schärfe
es geht wohl vorbei

Sandor Marai

das fest ist vorbei
die flaschen werden weggeräumt

nur wenige die glauben betrunken
zu sein
reden noch immer
unentwegt
versenken die eigenen worte
taumeln den alten gesprächen hin-
terher
suchen die finsternis
suchen die worte die sie fallen ge-
lassen haben

es sieht nach einer hochzeit aus
sagt wer
er trägt einen dunklen bart und
träumt demnächst von einer langen
reise

das fest ist vorbei
alle sind verschwunden
auch die gespräche derer
die glaubten betrunken zu sein

wie ausgestorben
so geht eine dahin

ihr weg scheint der ewigkeit zu gehören
aber es ist dumm so etwas zu glauben

sie hat einfach nur den bus verpasst und
weiß nicht
soll ich gehen oder soll ich so lange bleiben
bis mich einer fragt
warum

Hilde Domin

wenn die worte blinzeln
ohne zu gehen
wenn du stumm
hinter den vorhängen wartest
bis jemand fragt, was ist

ja was ist
du möchtest es jemanden fragen
hören
jetzt in diesem moment
in diesem moment wo die orte auf-
stehen
wo jeder nachzeichnet was ein wort
bedeutet
wo die grenzen vergessen werden
die grenzen zwischen dir und die-
sem vorhang

dein satz
weil kein anderer existiert
weil niemand vergisst
an was er sich nicht erinnern kann
du rufst ihn auf
du liest ihn immer zweimal
erst danach
versteckst du dich dort
woher du gekommen bist

Thomas Bernhard

ich ging immer dort entlang wo der
abwasserkanal endete und das lei-
den der stadt begann
das leiden der stadt begann immer
am anfang
ohne dass es jemand nahm und
sein gewicht studierte
damals war ich fernfahrer
ich machte halt
gezwungenermaßen
der lkw war kaputt und ich ging an
manchem schaufenster
vorbei
auch am schaufenster des hutma-
chers
ich hatte schon so einiges von ihm
gehört
dass er unglücklich sei wie alle
dass er erfuhr dass er großvater
werden sollte
dass er vom ersten in den zweiten
stock ziehen musste
ich sah ihn beim fluss stehen
er sprach mich an
er sagte
sie sind lkw-fahrer
er sagte es leise
als mache er ein geheimnis daraus

ich weiß sie sind unterwegs
viele lange stunden
sehen sie sagte er
sehen sie ich bin hutmacher
meine hüte werden überall getragen
selbst auf anderen planeten sagte
er
er lachte
er war betrunken
knirschte mit den zähnen
jeden tag esse ich suppe sagte er
es ist grotesk diese suppe zu essen
es ist keine suppe
es ist eine trockenheit die flüssig
geworden ist
er lachte
er roch nach rum
er roch auch nach bier
hier bin ich geboren meinte er
und dort wo ich wohne kommt nie-
mand mehr her
als ginge es nur darum
weit nach oben gebracht zu werden
damit man beim fallen das stürzen
bemerkt
er lachte
er lachte wie einer den man nicht
mehr trösten konnte
sein blick war glasig

du musst wieder in die spur kom-
men dachte ich und
versuchte weiterzugehen

Friedrich Hölderlin

na wie geht es dir
noch staub hinter den ohren
in den augen eine dämmerung
den verstand ruiniert wegen der
nächte
in diesem zimmer das immer nur
von einem auge erfasst werden
kann
ein tisch ein stuhl worte gegen die
nacht
gegen die macht der machtlosen
wir zittern
ein wort aus dem fenster
es rutscht in deine augen
es fängt wieder an
du vergisst
du hauchst einen namen
jemand geht vor
du weißt nicht
du weißt
du wirst untergehen
du wirst auch untergehen wenn
niemand untergeht
jemand der sieht
der nichts sieht
der flieht

die alten reden vom tod
sie lagern die aus die ihn schon
besitzen
wie dicke jacken
unverhüllt
brauchen sie die worte der dunklen
türme nicht mehr

Rainer Maria Rilke

salzige wände
dein haar brennt

die metaphern werden
sichtbar
durch dich

sie mahlen räder in
den mund

sie sammeln augen
für die worte

sie tanzen lange
anhaltend

sie tanzen als wäre
alles vergessen

alles vergessene
vermisst

alles unerdenkliche
in einen traum
verpackt und
ein name
der alles andeutet

nur andeutet
weil alles erkannt werden kann
von dem eigenen wachen traum

Robert Walser

an diesem tag ist es anders
er wird liegen bleiben
an diesem tag hat er reichlich
reichlich genug davon

deshalb bleibt er liegen
weil der sturm die mitte ist und weil
es immer damit beginnt
dass jemandem etwas einfällt

ihm fällt immer was ein
selbst danach
selbst danach wird es ihm nicht feh-
len an einfällen

er bleibt liegen
weil es manchmal besser ist
die dinge von dort aus zu betrach-
ten und zu sehen
wie der eigene atem um einen
kreist

er wandert
bis auf die zähne bewaffnet mit or-
ten
mit orten die ihm begegnen
die ihm alles abkaufen

sie rätseln
er liegt wie ein toter im schnee
das auge sieht es
da bricht ein atem ab

aber glaub mir
es geht weiter
es geht weiter

die stille macht aus deinem schwei-
gen
ein gedicht
ein langes
unendliches

Octavio Paz

unser kohlenschlepper hatte einen
dicken bauch
den weltschmerz der sich in seinem
inneren
vor lachen bewegte
hörte man kaum

unsere zimmer waren warm
waren dankbar
auf der kommode lag eine leere
geldbörse
der kohlenschlepper wusste
gezahlt wurde im voraus

das zimmer wusste es auch
es hatte große lust bei ihm einzu-
ziehen
ein warmes herz
ein abendfüllender bauch

er trank den schnaps in der haltung
einer statue
er war schön in diesem moment
mit seinen schmutzigen schlieren-
händen
er sah meine mutter nicht wie mei-
ne mutter an

aber sie übersah den blick

später hörte sie seine schritte noch
sie krochen hinaus
sein buckel war nicht zu übersehen
seine hände so schmutzig
man muss sie schon auskratzen um
zu glauben
dass darin zärtlichkeit sein könnte

sie stand am vorhang
jemand dem sie gerne näher ge-
kommen wäre
verwandelte sich in ein gedicht

wo geht er hin fragte ich
ich fragte meine mutter
sie lächelte
ich vergaß ihr lächeln nicht

Marcel Proust

nie werde ich vergessen wie der
einhäuser die geldbörse aus der
hose nahm
es waren immer scheine drin
scheine die glänzten

ich wachte auf
es war zu früh
die nacht hatte alle eingeschlossen
und
der morgen suchte den schlüssel
noch

nie werde ich vergessen wie er
einmal im tor stand
ein ball bewegte sich zu ihm hin
er lief
er rannte
fast konnte man glauben barfuß

er lief aber nicht dem ball entgegen
er rannte weg
er rannte hinaus
hinaus in den tag

er kehrte nicht mehr zurück

viele hielten ihn für den besten tor-
wart aller zeiten
andere vergaßen ihn schnell
sie zogen ihre socken an und wur-
den erwachsen

auch ich wurde erwachsen und
trotzdem
glaubte ich eines morgens den ein-
häuser zu sehen
er drehte ein paar runden um eine
litfasssäule
was suchte er

ich wusste es
plötzlich wusste ich es
er suchte die bewegung
er suchte die bewegung die nach
der geldbörse griff
er hatte sie verloren
er hatte sie verloren als er am ball
vorbeigelaufen war

Daniil Charms

er hat sich ein bild gekauft
auf dem bild steht er vor einem
fenster
das fenster ist offen und er will es
schließen
er hat bedenken
für einen kurzen moment ergreift
ihn trauer
er schaut nicht mehr hinaus
er betrachtet das innere einer fas-
sade
er ruft einen namen
er denkt
das bild
es kam ihn unerhört vor
der mann auf dem bild trank
schnaps aus der tasse
warum ist er so sicher dass es
schnaps war
er ist sich nicht sicher
er weiß es
er sieht zum fenster
endlich wieder zum fenster
macht ihn das glücklich
fängt er an zu jodeln zu
toben

fängt er an alles zu begreifen ohne
es zu verstehen
er steckt in einer falle
er weiß nicht ob er das fenster
schließen soll
oder der mann auf
dem bild der sein gesicht gestohlen
hat
aber warum will er das fenster
schließen
er muss es nicht schließen
er kann es doch ruhig reinregnen
lassen

Peter Kurzeck

als das gedicht begann warst du
bereits teil der straße
du dachtest nicht das ist meine zu-
kunft
du dachtest nicht das ist das ende
das konnte die straße denken
das konnte auch der mond denken
der mond der keine straßen kennt
weil er sie immer gleich verschluckt

du gingst weiter weil du sprechen
wolltest
du sprachst im gehen von allem
du suchtest im gehen
nach alten fabriken und vergilbten
kinoleinwänden

du hast sprechen gelernt um zu
laufen
um zu laufen hast du sprechen ge-
lernt
du warst erst sprachlos aber dann
fingst du an zu gehen
du wolltest nicht sprachlos sein
du wolltest bleiben und erzählen

erzählen von der zeit
die nun nicht mehr hinter dir
sondern mit dir geht
staunend ob der dinge die einen
verlassen können
sprachlos ob des erzählers
der nicht verschwinden kann

Dylan Thomas

alte namenlose hunde
vergrabene schätze die niemand
finden wird
er zog seine mildtätigkeitshose an
sie passte nicht
seine mutter rief etwas unverständ-
liches aus dem fenster
es klang wie ein roman der den zug
verpasst hat
ein kläglicher wind
der morgen der den vater zurück in
die klappsmühle bringt
ganz sanft liegen seine hände hin-
ter dem rücken
die mutter blutet noch
nicht so schlimm sagt sie
die alten namenlosen hunde su-
chen nichts
sie vergraben den schmerz höchs-
tens und lassen nicht locker
der vater denkt es ist der kopf der
nicht will
er lenkt die augen an das vergitterte
fenster
ein paar häuser tauchen auf

dort tunken ein paar menschen ih-
ren appetit in
kakao
ein paar nette jungs (sie kommen
aus dem krieg) bewerfen einen ob-
dachlosen mit steinen
später werden sie ihn anstecken
und sich am feuer
erfreuen
ganz warm wird es ihnen ums herz
und nur wenn sie
an die familie zuhause denken
werden sie traurig

Alfred Döblin

die alten fabrikschuhe wirft er weg
sie kommen ihm seltsam klebrig vor
wie etwas dass er geträumt hat und
von dem er sich nicht trennen kann

die alten fabriken rufen nichts
wenn er an ihnen vorbeigeht scheint
er rauch anzuziehen in seinem kopf

die alten männer glaubt er manch-
mal zu hören
mit den schmutzigen gesichtern
aber immer noch trinkfest

reden vom schnaps
der früher besser war
er war früher besser

rufen sie

als er aus dem gefängnis kam
dachte er auch
es wird besser
er meinte das gewesene
er schaute zurück und dachte
es wird besser
viel besser mit der zeit

er sah zu seinem finger und sah
dass der daumen immer noch fehlte
wie an der schnur glitt er ab
wurde er abgebissen von einer
hungrigen maschine

die alten geschichten enden so
man schließt die tür und schon be-
ginnt man sie im kopf zu öffnen und
dort ist
alles gut
selbst die blutigsten stellen

Jorge Luis Borges

seine augen drehen sich nach ihm
um
der himmel die brücken was bedeu-
tet das
die unendlichkeit eines gezeichne-
ten fensters
er brummt sich die jahre auf
er verfolgt sie
hält die gefangen
er öffnet die zelle seiner befreiung
schließt sie ein
er ist unsichtbar
deshalb wandert er hin und her
es erinnert mich an diese nacht,
denkt er
er hatte das geschlossene fenster
gerufen
er sah das unbekannte in sich
auf der anderen seite einer wand
spielte er mit seiner blindheit
seine blindheit sprang in die sätze
machte sie sichtbar

Wisława Szymborska

als ich sie zum ersten mal las
war ich noch vergesslicher
als jetzt
das radio brannte im bad unter
wasser
der schienenverkehr zögerte nicht
er ging weiter

jemand der schon lange abgestürzt
war
übersetzte ihre augen

ich weiß nicht wie es ihnen ging
aber wenn sie lächelte war dort
wo sie es hineintrug immer liebe

als würde sie sich um alles küm-
mern
diese dichterin die nach innen
brannte
der vollkommene satz der nun
schwieg
lag immer noch auf ihrem bauch

Federico Garcia Lorca

selbst die steine müssen weinen

sie hatte mit der stumpfen seite des
messers
seine augen betrachtet

sie fror

jemand war eines morgens erwacht
stand mit einem mal an der mauer
und fünf minuten später
waren die gedichte des dichters
narben
narben die nicht vergessen wurden

sie hatte am fenster ihres liebsten
geklopft
wie oft haben sie auf ihn geschos-
sen fragte sie
(warum frage ich das warum sage
ich nicht
wir haben die augen geschlossen
und uns
vergessen
wir waren nur noch zwei

zwei die sich in ein gedicht verwan-
delten)

sie fror

getreten haben sie ihn
versagt haben sie
denn am ende
war es der dichter der nicht verges-
sen wurde

Anne Sexton

ich kann ihren sprung hören
selbst wenn sie sagt
ich bin nicht gesprungen

sie ist teil dieser intensivstation
sie flüstert
ich bin nicht so wichtig
sie sieht diesem gedanken hinter-
her

wie gerne sie ihm hinterhersieht

das piepsen der automaten ist luxus
sie lächelt
wer weiß schon wer da stirbt denkt
sie
ich jedenfalls bin bereits tot

ein letztes mal in dieses beschisse-
ne kissen lachen
so still
so heimlich
damit keiner bemerkt
mit was sie den tod bedeckt

Libuse Monikova

die vielen denkmäler
sie betrachtet die meisten kopf-
schüttelnd

du liegst unter millionen von lügen
neben den nächten die dich an-
schauen
wie es hungernde tun wenn sie die
leere dulden

was greifen die hände wenn ihnen
die worte fehlen
die niemand mehr in die wunde le-
gen kann

du kannst den märchenhaften lügen
nicht mehr folgen
dem gebrauch der worte
dem fallen der zungen

so entgleiten die augen
damit man eine bessere sicht hat
auf das versagen

Alejandra Pizarnik

so lange die nacht dich einhüllt
ist das gedicht nicht gestorben

du suchst die wärme
die alte
die junge

in der nähe bleiben die zeilen
die denken und solange sie denken
bist du beruhigt

dort
wo der kummer nicht hinreicht
fängt das spiel von vorne an

leicht ist der traum
wenn die wahrheit sich darin verirrt

Danilo Kiš

er raucht eine
hört die gespräche draußen
lachendes gewitter
ein eingesperrtes echo
ein fluss der zurück will
er drückt die nase fester an die
scheibe
warum nicht öffnen und hinaus-
springen
ein reizvoller gedanke denkt er und
dann denkt er an die wände die er
ansieht
von denen er nicht weiß wie er sie
streichen soll und streichen muss er
sie
er öffnet das zigarettenpäckchen
steckt sich noch eine an
eine noch sagt er sich
dann nimmt er den pinsel und
streicht das zimmer schwarz
die dunkelheit dringt so hinaus
das kann nicht schaden
denkt er
er sehnt sich nach harmlosen sät-
zen
nach irgendeiner wiese mit blühen-
den blumen

mit menschen die sich fortpflanzen
ohne daran zu denken
dass es nicht lange dauert
bis sie verschwinden

Gertrude Stein

du kannst das A nicht machen ohne
zu denken dass es einsam sei
du bist ein mensch
du liebst die worte
liebtest du die worte nicht
du strecktest dich nach allem aus
was vergessen wird von den ande-
ren
die nacht die heimkommen will
der morgen der die landschaft hin-
ter sich herzieht
du kannst das A nicht machen
ohne an den nächsten buchstaben
zu denken
du willst ihn dir gar nicht merken
du willst
dass man luft in die augen streut
dass man sanft eine betrachtung
sucht
eine die erst da ist
    wenn du sie aufschreibst

Christine Lavant

er war aufm sprung und mit ihm der
gedanke
der gedanke zu sehen
er übersah sie die seele
er übersah wie sie sich versteckte
wie sie versuchte mit einem ande-
ren namen
dieselbe landschaft zu betrachten

sie hob ihn auf
er war gefallen
als sie ihn aufhob
wurde es ihm schwindlig

er kam sich träge vor
leer
vergesslich
ein einsammler der erinnerung

sie versuchte es zu spüren
nichts war existent
als wäre es nur glaube und
man müsste sich darin erkennen
ohne dass man sein gesicht
vom sprung entfernen muss

Gabriel Garcia Marquez

er schrieb
ich wohnte
ich wohnte im vierten stock
hiernach ging es nur noch aufwärts
manchmal hörte ich wenn sie
sprangen
oder wenn sie vom springen rede-
ten

im vierten stock geht es noch
du kannst sogar überleben wenn du
die füße still hältst

er schrieb
trotzdem habe ich angst
angst vor mir selber
ich schloss die tür nicht gerne auf
ich hatte immer das gefühl
jemand der ich auch bin
folge mir

er blickte dabei in die ferne
das beruhigte ihn
er hörte den knall der von unten
nach oben drang
der auf die zielte die es einmal pro-
bieren werden

die fenster geöffnet und raus mit
dem körper
das klingt so einfach
aber wie unschuldig ist die zeit da-
vor
bevor man stürzt

im traum hat er eine pistole
im traum schießt er auf den schrei
er schießt auf den schrei und dann
erst auf die pistole
im traum schreibt er nichts
im traum ist er tot und stürzt nach
oben

Gottfried Benn

wir warten schon viel zu lange
auf die züge
die uns die abwesenden
wiederbringen

wir hören doch in der nacht ihre
namen
ihre namen lächeln uns an
unsere namen vermischen sich mit
ihren

werden eins

wir warten auf die züge
die uns daran erinnern
dass wir den abwesenden etwas
schulden

unsere nächte sind voll davon
unsere augen auch

wir lauschen wenn wir schweigen
denn in unserem schweigen leben
sie
leben sie und suchen
suchen uns mit ihren tränen

Fernando Pessoa

als er gestorben war sah er sich
noch einmal um
er ging ohne dass er es wichtig fand
sich anzuziehen hinaus
hinaus in die stadt
die leute wunderten sich
sie dachten pessoa sei tot und er
war ja auch tot
aber darf er deshalb nicht hinaus
sich umsehen
gibt es gesetze wider die toten
was ist den toten gestattet und was
dürfen sie nicht
er rief maria die etwas zu rauchen
suchte
seit er nicht mehr zu ihr kam und ihr
eine zigarette gab
war es nicht immer einfach
sie erkannte ihn
aber sie wusste
es war nicht richtig ihn zu erkennen
pessoa ging zu ihr
was hast du fragte er
pessoa sah zu maria
hieß sie überhaupt maria
er war mit einem mal nicht mehr
sicher

überhaupt schien alles zu ver-
schwinden
die luft
die rostigen nägel
die ganzen ansichten einer stadt
er dachte
wenn ich so weitermache wird alles
verschwinden
die alten tage
die vergesslichsten sätze und die
liebe
seine augen lächelten
sein mund sah grandios aus
wie eine pusteblume die nie wieder
fror

Joseph Brodsky

aus der tür zu gehen verlassen an
irgendeinem tag
spuren von schnee im gesicht gera-
schel hüte die
nebenan verschwinden

der herbst verjagt dich
er ist brav und findet alles gerecht

du sprichst mit niemanden
auch nicht mit den wänden
da kommen polizisten
sie wollen wissen
ob alles in ordnung ist
es ist alles in ordnung

du hörst das brennen noch
das brennen der körper
die nicht mehr miteinander spre-
chen
solange sie vereinigt sind

so viel unruhe
so viele zeilen
blutiges glas
blutiger frieden
alles in allem ist alles körperlich

das ja und das begraben der worte

der blick aus dem fenster
nach all der zeit
es klappert das geschirr noch
es rauschen von weitem die stellen
die vergessen werden müssen

Julio Cortázar

damals maja
du hast sie noch gar nicht gekannt
da hast du bereits über alles be-
scheid gewusst

da waren worte doch sie wurden
nicht gebraucht
da lagen ihre strähnen im hellen
tageslicht
du nanntest einen namen
ihrer war es nicht

es war hell als sie auf dem baum
saß
wie fragtest du dich
wie komme ich wieder hinaus

ein braves gesicht für unendlich
weise gedichte
sie stotterte bevor sie schwieg
sie rieb sich die augen um zu sehen
was sie nicht sah

redete sie vom krieg
sagte sie
es ist so stumm um uns
man kann sich gar nicht ängstigen

maja riefst du
sie stand hinter dir
im dunklen mantel ein echo in den
händen das sicher
wiederkommen würde

H.C. Artmann

die dagmar lächelt auf der anderen
straßenseite
aber darum geht es nicht

man muss die ordnung wahren
ohne zu kurz zu kommen

man muss knien
damit man sagen kann
ich lass mich nicht unterkriegen

die dagmar
sie bewegt sich
sie reißt die arme nach oben
sie hätte nichts dagegen
wenn du ihr hilfst

begegnungen sind nicht nötig
sie halten dich nur zurück

du verwirfst einen kurzen blick
du denkst
morgen schreib ich ihr einen brief
über das glück

Fjodor Michailowitsch Dostojewski

da sitzt er der arme student
sitzt da in seiner ärmlichen jacke
die risse
kosten nichts extra
er gähnt
das gähnen ist unbezahlbar
er blickt in die zeit
was er da sieht kann er nicht verstehen
er sucht
sucht weiter
wohin fällt sein blick
auf seine schmutzige hose
auf den morgen
er erwachte und war schon weg
es würde geschehen
er war sich sicher
er hatte das bild vor augen
seine schritte
sie waren hell
sie waren nicht laut
draußen die pferde
sie weckten alle geräusche
draußen der fluss
der sich in seinem inneren breit
machte

du möchte man sagen
bleib sitzen
denk nach
hör auf die augen die zu dir sprechen
es sind deine
du hörst die stimmen
du hörst den schrei
das beil
es glänzt
es glänzt die augen matt
du rufst es
es kommt zu dir
es träumt es wäre ein geschenk
du darfst es nicht behalten
es liegt im schnee
es wäre doch möglich dass du es
benutzt hast
morgen muss geheizt werden
wie lange noch liegen sie blutig in
der nähe
die sätze der vergesslichen
du siehst wie sie das macht
sie lässt sich einfach fallen
und du
denkst an das beil
trägst es davon
ganz lautlos ist es von den vielen
stimmen

René Char

er hatte diesen brief geschrieben
ganz ruhig
fast so
als wäre das nichts und es war ja
auch nichts
es war nur ein brief
ein brief der gemeinsamkeiten ver-
fluchte
der sich fragte
wozu sind all diese nächte da
dieser morgen an dem es flieht
das bewusstsein
wie brennende papierrollen flieht es
summt im gedanken ein versiertes
lied und
liegt herum
liegt herum und verschwindet
verschwindet ohne dass man es
sucht
er hörte was das schweigen so
kann
er öffnete eine butterdose
er holte etwas butter heraus
er schmierte die butter auf eine
scheibe brot
ranzig schmeckte die welt

ranzig wie die worte die er nicht
schrieb
er schrieb immer nur die worte
die klangen
die klangen als hätte sie ein dichter
gerufen
bei offenem fenster
mit offenen augen
den trost suchend
das verschwinden das heimkommt
sich zu ihm setzt und über die nähe
berührt ist und
schreibt
was die augen nicht sehen

Claude Simon

sie öffnen hüte
legen die trauer hinein
sie sind darin geübt

ein mann schläft
er schläft die beunruhigung aus
dem gesicht
im zimmer war niemand sonst
niemand der ihm gesagt hätte
dort liegt ein brief
oder
dort steht ein mann an der tür
der dich erschießen will

das ockerfarbene licht
vergräbt den raum
es macht aus dem zimmer eine
erledigte sache

die alten gewohnheiten
er kratzt zuerst die linke und dann
die rechte arschbacke

eine erinnerung im tosenden wind
draußen
draußen kämmt sich eine das haar

du kannst sie sehen vom fenster
aus
dafür bist du aufgestanden
du möchtest nach ihrem haar grei-
fen
etwas in ihren sprachlosen mund
rufen
all das ungewisse ereignet sich
du siehst sie
hörst wie du schweigend deine
schritte
einatmest
die nach draußen wollen
nur um an ihr vorbeizugehen

ein dünner draht in einem lichten
spiel
du suchst die straßen ab nach ihr
gehst und fluchst
hörst das schweigen eines waffen-
stillstands
irgendeine granate die etwas sagen
will
ignoriert ihn und fällt

sie lassen hüte fallen
tun traurig
sie mischen dich unter die anderen
fallenden

sie suchen weiter nach dem nächsten abgrund und bleiben ohne gesicht stehen

Anton Tschechow

er will den sekundentraum festhal-
ten
noch einmal in diesem bett liegen
eine allerletzte minute
ein glas champagner fordernd

er möchte dass man ihn das ge-
sicht
zurechtlegt
für diesen letzten moment
er will bescheiden klingen

keine große sache daraus machen
als wäre es nur irgendein umzug
und
er schreibt bestimmt
wenn ihm zeit dazu bleibt

im sekundentraum löst er eine fahr-
karte
setzt sich auf eine bank und sieht
zu
wie der zug ohne ihn losfährt
er hört zu was die anderen reden

die anderen reden stumm und ohne
plan
über das leben

er will etwas dazwischenrufen
aber immer wenn er den mund öff-
net
wird er wach
zittert
die augen rennen aus seinem ge-
sicht
suchen den anfang und verschwin-
den
leise
ohne erinnerung

Marguerite Duras

du gehst in dieses zimmer
weil es sich leeren soll
du siehst dir ein foto in einem bil-
derrahmen auf dem
fernseher an
du siehst einen mann in uniform
du kannst seine augen nicht sehen

im hintergrund sieht man fahnen
die es besser nicht geben sollte
du kannst sie hören
du kannst hören was die fahnen
sprechen

du hörst was sie verschweigen
dass soldaten bevor sie sterben
nach ihrer mutter schreien und nicht
nach der fahne

du nimmst das foto mit
das foto des soldaten
seine uniform ist noch nicht ver-
staubt

für diesen moment hat er gekämpft
und
ist gestorben

für diesen moment als der fotograf
sagte
lächeln und er lächelte

Inger Christensen

das leiden gibt es
wir nennen es
nicht mehr hinschauen können

das leiden gibt es
die
die leiden betrachten es auch nicht
gerne

die liebe gibt es
die liebe verneigt sich vor sich sel-
ber
nie vor dem leiden
vor dem leiden der gespräche
vor dem leiden der willkür

wenn irgendwer befiehlt
stürmt diese stadt und
sie tun es
wenn sie es nicht tun
nennt man sie
feiglinge
hunde
man begräbt sie

die begrabenen gibt es
es gibt sie wie es

die toten gibt

die toten gibt es
sie litten
sie litten solange bis
sie starben
sie litten weil das leben
keinen einzigen abschiedsbrief
vergaß

die angst gibt es
es gibt die angst
verlassen zu werden
von ihr

von der angst
mit der man geboren wird
mit der man aufsteht
mit der man fragt
ist noch kaffee da

man zählt die jahre an den finger-
kuppen ab und wenn sie anfangen
zu schmerzen
geht man hinab

Stefan Zweig

eine tasse aus der nicht mehr ge-
trunken wird
zwei worte
irgendwo

irgendwann werden auch sie verfüt-
tert

die nächsten die uns erklären
so seid ihr
euch genügt es nicht verlassen zu
werden
ihr wollte auch die gründe verstehen
mit denen man wieder zurück-
kommt

die nadel schmerzt
der heuhaufen brennt
es brennen die alten tage
die stunden in den schritten
die nicht mehr heimkommen kön-
nen
brennen mit dem schweigen des
stillstandes durch

Pablo Neruda

ich trank weil ich schreiben wollte
ich schrieb weil ich trank
gerne saß ich im freien und schrieb
ich schrieb gedichte gegen die
mehrzahl

ich trank
trank den guten apfelwein
ich sah mich um
überall war es grün

überall lachende menschen
manche warfen ihre mützen in den
teich
manche zogen ihre waffen und
brachten sich um

ich überwarf mich mit den gesprächen
die gespräche waren ernst
die gespräche zitterten
niemals die hände

die hände konnten nicht zittern
dafür hatte ich den apfelwein
je länger ich schrieb
desto öfter wusste ich
ich bin ein großer dichter

ich schrieb fallen in die verse
ohne es zu merken
ich trank ohne dass ich durst hatte

aber ich zitterte nicht
höchstens die gespräche
die gespräche kamen ins stocken
ich verhandelte mit mir selber
ich wollte für jedes gedicht ein ho-
norar
ich lehnte ab
darum trank ich
ich trank weil ich mich nicht bezahl-
te

ich trank weil keiner sehen wollte
was für ein genie ich war
ich war der neruda von gießen
ich zitterte
das machte nichts
die getränke waren durstig
nur deswegen zitterte ich

Ossip Mandelstam

immer wusste ich es besser und
wusste es am ende nicht
ich traf mich mit petra
sie trug diese halskette
diese halskette hätte ich ihr gerne
geschenkt
ich tat es nicht
ein anderer war schneller

ja schneller waren die anderen
aber nicht besser

ich traf mich mit ihr in einem fast-
foodlokal
wir aßen uns gegenseitig auf
das stellte ich mir kurz vor
ein wildes durcheinander
leider sprach ich mit ihr nicht dar-
über

ich fragte sie auch nicht
kennst du gedichte von mandelstam
ich wusste ja damals selbst nicht
dass er existiert hatte
damals wusste ich vieles nicht
schon gar nicht wie man mit frauen
sprach

ich dachte immer
man müsste schnell mit ihnen reden
damit sie spüren wie eilig man es
hat sie zu küssen
aber das war falsch

es war mindestens genauso falsch
wie mandelstam einzusperren
aber es war richtig sich mit petra zu
treffen
ihre augen zu küssen
wenn auch nur im schlaf
denn nur im schlaf küssen die
glücklichen und
nur die ermordeten lachen die mörder aus
später
wenn sie die augen schließen und
denken
das haben sie verdient

Hermann Broch

lebe wohl sagte sie
sagte sie beinah schwäbisch
denn sie hatte einen freund
einen schwaben
einen lehrer in windspielen hatte sie
ihn genannt
sie lächelte
er war traurig
er hatte sie bereits ausgezogen
zuerst die schuhe
dann die letzten regentropfen auf
ihrer haut
sie lagen am strand
neben ihnen nur zwei polizisten
die urlaub machten
genauso wie sie
es war herbst
die ersten blätter
jeder weiß es
aber hier lagen keine blätter
hier lagen nur menschen die sich
betrachteten
die das meer füllten mit dieser be-
trachtung
wo gehst du hin wollte er wissen
er fand die frage peinlich
es war bereits erledigt

sie würde gehen
immerhin blieb ihm die erinnerung
hier zu liegen
sie zu sehen wie sie alles andere
sah
sie war wie aus dem nichts aufge-
taucht
sie hatten über girokonten geredet
und dass es menschen gab
sie fand die unterhaltung nett
aber auch sehr eng
als hätte er angst die polizisten
könnten sich an ihren beruf erinnern
und ihn nach seinem falschen bart
fragen
warum trug er ihn
was war noch falsch
dieses bild das er ihr gezeigt hatte
dort seine frau
seine drei kinder
zwei hunde die ihr bellen nicht ver-
stecken konnten
felder links und rechts
einige traktoren die so scheint es
nur für das bild aufgestellt wurden
wer ist das fragte sie kühl
ihr unterbewusstsein schob die tür
weit auf
es war ein heller morgen

zwei menschen die sich manchmal
an bahnhöfen begegnen
sich kurz ansehen und vor einander
fortlaufen ohne es zu wissen
ein inneres geheimnis zu ertragen
erfordert leichtigkeit
sie beginnt die augen zu schließen
sie beginnt ihn zu fragen
was tun wir jetzt
aber die nacht werde ich nicht mit
ihr verbringen
dachte er und verbrachte zwei mit
ihr
eine zum hin- und die andere zum
wegschauen
aber sie hatte doch lebe wohl gesagt, dachte der eine polizist und
nun liegen sie zusammen wie badegäste die es ernst meinen
so viele strophen für nichts dachte
der zweite polizist
man muss schon eine pistole tragen um das zu verstehen

Andrej Bely

auf dem hof lag die alte zeit
die straßenkehrer kamen näher
sie wussten
man würde auch sie bald vernichten
sie lachten bitterernst und straften
ihre zungen

es wartete die alte geduld
die es immer schwerer hatte
sich fortzubewegen
sie wollte ja fort
ganz weit
so weit bis sie sich selbst nicht
mehr sah

sie warfen mützen ohne grund in
die luft
sie blieben stehen und sagten
läuft bei dir
sie sagten es ohne hinter den satz
zu kommen
sie stellten den satz einfach so in
den weg

es hat seit jahren nicht mehr so
geregnet
riefen die leute die schon seit jahren

nicht mehr aus dem fenster in den
hof
gesehen hatten
sie lachten heimlich wenn irgendwer
sagte
warum denn mord
sie hatten diese frage selbst gestellt
vor einiger zeit
und hatten auch gelacht

die straßenkehrer trösteten den
alten schmerz
sie legten ihre sätze in ihn hinein
ein paar jungs die nichts zu tun hatten riefen
was geht bei dir, alter
sie riefen es wie automaten die man
in der
stadt aufgestellt hatte
ohne zu wissen wozu

die gräber riefen die namen die auf
den grabsteinen standen
riefen sie in die nacht
riefen sie in das bewusstsein der
straßenkehrer
riefen
es ist nacht
ja verdammt dachten die straßenkehrer

die bei licht aussahen wie ganz
normale menschen
aber was war normal und gab es
nicht grenzen
grenzen die man vergaß
weil man keine zeit für sie hatte

im dunkeln erzählten zwei die plötz-
lich und
verspätet in das gedicht eindrangen
im dunkeln können wir uns alles
erzählen
während er versuchte ihren namen
aus dem zimmer zu entfernen
hielt sie seinen fest

als hätten sie sich erst nach
den großen krisen erkannt
die noch vor ihnen lagen
lagen wie geschnittenes brot
in der zugluft
von der ferne betrachtet
von der nacht umzäunt
lagen die grenzen der straßenkeh-
rer
verstaubt auf einem haufen
morgen
noch ehe sie erwachten würde der
verschwinden

Rolf-Dieter Brinkmann

immer wenn sie den laden betritt
einen korn will
zwei trinkt und dann wieder geht
fragen sich die männer
die als jungs gerne autos ansahen
auf hellem glänzendem kartonpapier
immer geht sie alleine
geht in dieses verstaubte dorf zurück
warum schaut sie uns nicht an, fragen
die männer die als jungs gerne in
den betten lagen
getragen von zwieback und salbeitee
gaben sie der nacht die schuld
die sie allein gelassen hatte
mit dem traum von verrosteten autos
die niemals dort hinfuhren
wo die anderen waren
jene
die aus ihren augen überflüssiges
zogen
die sie mitnahmen
die vergaßen wer sie war

damals
heute und jetzt
den ruhm der friedhöfe
sie schweigt
setzt sich an den rand eines grab-
steins
denkt an die
die am rand spazierten
die es nicht mehr tun
weil sie etwas aus ihrem leben ge-
macht haben

Roberto Bolaño

gerne spielten wir auf der wiese vor
den häusern fußball
wir wussten dass es verboten war
deshalb spielten wir ja so gerne
darauf
hin und wieder kam der hausmeister
ein zorniger bursche der als kind
ganz sicher zu kurz gekommen war
auch wir waren zu kurz gekommen
doch das wollte der hausmeister
nicht wissen
er versteckte den ball unter seiner
jacke und eilte mit langen schritten
davon
mit verbeulten augen krochen wir
nach hause
geschmierte brote warteten dort
und nachts das gebet
ich betete dass gott unsere bälle
behüten solle
ich hatte angst er könnte in sie hineinstechen und dann wäre es nicht
einmal ein trost
wenn er eines tages sterben würde

Walter Benjamin

er könnte einen namen haben
ihn fest an sich drücken

es könnte ein vergessen sein
er wartet bis das ende gemacht ist

er ruft es aus dem haus
es sind die augen die sprechen

sie vergraben die soldaten
die man nicht mehr erkennt
sie rufen
das schweigen sprechen kann
mitunter

sie sprechen von ihm
wie von einem gedächtnis
das alles verloren hat und
das man nicht mehr verliert

Czesław Miłosz

einmal ging er mit einem ungarn
durch die nacht
er ging mit ihm über eine brücke
der ungar sagte
es ist dort am ende ein stechen
ein stechen das du gar nicht er-
kennst
er dachte
es ist der schmerz
er liegt bürgernah in unserem
schrecken
er sammelt die orte auf
er trägt sie durch die stunden
was ist fragte er den ungarn
woher bist du fragte der
ich fragte czesław
er musste lachen
es kam ihm vor
als hätte jede erinnerung irgendein
geheimnis
getragen von der schwere der angst
als gäbe es keine richtung für die
angst
als sei die angst immer das zentrale
und halte alles in schach

als brenne irgendwo ein denkmal
und man betrachte es und wisse
nicht
soll ich mich entfernen oder
was fehlt
etwas fehlt doch und wird unver-
zichtbar
wie eine lücke in einer wunde
man vertreibt die zeit
aber der schmerz bleibt
wir sind verbündete sagte czesław
mit uns sind alle unterdrückten
alle am boden liegenden
wir heben sie auf und fallen selber
hin
stolpern in die augen der fremden
nacht
die sich an unseren anblick gewöh-
nen wird
seltsam in der nacht das schweigen
zu studieren
das licht löscht es und macht ein
verstummen daraus

Antonio Tabucchi

hier schrieb er
auf diesem planeten

aus irgendeinem grund
auf diesem planeten

er schrieb und sah
er sah aus dem fenster

er sah zu den schornsteinen
zu den tränen die ihn wach hielten
sah er auch

hier schrieb er
aus irgendeinem grund
stützte er den kopf ab

aus irgendeinem grund
ging er manchmal durchs zimmer
vielleicht schrie er
vielleicht ballte er die faust

ich kann es nicht wissen
ich bin nur ein gedicht
das die augen immer nur öffnen
kann

Raymond Queneau

alles weit
weit von den fahnen
weit von der angst

der abgrund war tief genug und alle
sagten es ihm
sagten es ohne eile
das ist ernst junge
das ist kein schlaf

heute in die nacht zurück
als blauer kaminfisch

jeder ist allein wenn er schläft
aber in einem käfig sind immer zwei

der abgrund war überall
er konnte in dunklen nächten
schimmern
jene nächte in denen die lippen duf-
ten nach
alten zügen- die aus dem gesicht
fliehen wie undankbarer denkmal-
schutz

du warst das blaue kaninchen das
schwor

wenn die ampel das nächste mal
grün zeigt
sehe ich rot und renne rüber

die im abgrund lachten aus der reihe
sie sahen zu ihm und über ihn hinweg
es ist ernst hauchten sie
sie meinten es nicht so

das wusste das blaue kaninchen
und rannte los

Emmanuel Bove

sie behaupten ich hätte kein gesicht
ich behaupte
es gibt keine wände zwischen unse-
ren
wohnungen
sie scheinen sehr viel zeit zu haben
denn sie beobachten mich
sie zählen wie oft ich pinkle
ich bin mir sicher
sie schreiben es auf
sie setzen sich dafür ein
dass ich rausgeschmissen werde
für die bin ich nicht normal
ich habe ja nicht einmal kinder
auch keine frau
ich finde es schade
ich meine das mit der frau
auch kinder hätte ich gerne
ich würde sie aussetzen
im wald
aber wahrscheinlich hätten sie es
gut
bei mir
weil ich nett bin
nicht wie die anderen
die anderen sind böse
sie planen irgendetwas
aber das interessiert mich nicht

sie können mir nichts vorwerfen
ich liebe die frauen
wie sie einen anschauen
selbst wenn sie einen gar nicht
meinen
fühlt man sich von ihnen verlassen
einmal traf ich eine
sie hielt mich sicher für einen anderen
sie sagte
ich kenne dich
du rennst immer am fußballfeld entlang und rufst
einen namen
das tat ich nicht
ich interessierte mich nicht für fußball
ich interessierte mich für sie und ich sagte
mein bruder
du hast mich durchschaut
das fand sie so lustig dass sie versprach
wiederzukommen
seitdem sitze ich jeden tag da
an der bushaltestelle
ich bin sicher eines tages wird sie kommen
sie wird einen koffer dabei haben und es

wird sich herausstellen dass sie
glücklich sein will
an diesem tag
werde ich allen anderen die zunge
raustrecken
oder ich werde haltung zeigen und
einfach losweinen

Charles Bukowski

als sie hörte dass er kein konto hat-
te
hätte sie gerne alles lesbare weg-
gesteckt
was hatte sie nur getan
ihre ganze nacktheit hatte sie ver-
schenkt
selbst das brot das so gut knisterte
wenn man es an die wand drückte
hatte sie mit ihm geteilt

alles
alles
alles wurde betrogen und verlassen
durch ihn

den jüdischen friedhof wollte sie
fotografieren
standbilder
sie wollte die augen bedecken mit
betroffenheit

auch dass er erzählte wie er aus
dem siebten stock sprang kam ihr
nicht mehr traurig vor
traurig war dass sie hineingerutscht
war

in einen kontolosen

das bett lag in der luft
was für eine landschaft
sie schlief noch immer unruhig
sah aus dem fenster
weil sie glaubte dieser kontolose
wäre hinter ihr her

gut war es ihn zum bahnhof zu
bringen
dort steht er noch heute der idiot
und
denkt ernsthaft dran
in eine bank zu gehen

Franziska zu Reventlow

manchmal erwacht sie
kurz
so kurz
dass sie selbst nicht begreift
wie kurz
aber in diesem moment
spürt sie
es ist noch da
das alte verlangen
der nähe zu trotzen und
sie trotzdem zu spüren
sie hat ein gesicht
es geht durch die gassen
es lässt die augen fliehen
es sucht nichts
es begreift
die spuren greifen alles ab
sie findet in den worten nichts mehr
nichts was sie behalten darf
alles was sie behält
das zittern das manchmal anfängt
dass sie das beruhigt
weckt die angst
vergesslich zu werden
die dunkelheit zu trennen von der
sicht
in die das schweigen fällt

Nâzım Hikmet

sie
die niemals
vergessen
was
hände
suchen
wenn sie
nach
nähe
tasten

was sie vermissen
hat nichts
mit geld zu tun
sie ängstigen sich vor der macht
der blöden

sie
die niemals sagen würden
das ist so
da kann man nichts machen
werden umarmt von den gedichten
des dichters

die nacht der schönen
die im kreis laufen um sichtbarer zu
werden
die so viel zeit verschwenden

die leere
über die andere staunen
rauscht an ihr vorbei
als hätte sie vom atem verzaubert
immer nur die gern
die mehr sind
als schweigende mehrheiten
die sich schon darauf verlassen
dass weiter gelogen wird

Annette von Droste-Hülshoff

dichterin hat man dich genannt
in briefen kommst du vor
türen werden nach dir benannt
türen und welten
straßen und unsichtbare
die vergessen was worte sind
suchen deine letzte heimat
gähnen
winken beunruhigt ab
was geht
alles platzt
die räume werden eng und grau
der moderne staub wird durch die
digitalisierte nacht geschleudert
dichterin
du fängst sie auf
das laub ist erkennbar
die straßenschluchten
die liebenden die auf bänken sitzen
wie im traum und wenn die dichterin
erwacht
wird es wieder dunkel sein und alles
beginnt
von vorne
die reisenden erzählen sich witze
sie betrachten die entfernungen
nicht

sie packen sie ein und kommen an
die dichterin kommt nicht an
das verlangt sie auch gar nicht
das rauschen des bodenlosen bo-
densees
das glitzern der wellen
das dunkle licht des traums
der sich vorwärtsbewegt und die
dichterin kitzelt
genügt ihr noch immer vollkommen

James Joyce

noch ehe die mutter zum mittags-
tisch rufen kann
sitzen sie bereits alle und beten

die sterne stehen gut sagt der zor-
nige bill
zu seiner angetrauten
die angetraute traut sich zu erwi-
dern
das ist mir vollkommen gleichgültig

er möchte
er will
sanft will er sie anfassen

das spielt keine rolle denkt sie
sie lauscht den geräuschen die
dazwischengeraten

sie haben einen ochsen sagt bill
er sagt es sanft
als hätte er gesagt
komm lass uns aus der reihe tan-
zen

die mutter gibt jedem einen teller
sie halten ihn fest

ganz fest in den händen
das gebet hatte es in sich
sie sind ganz satt

die mutter lächelt
darauf haben sie gewartet
die teller
sie liegen aufeinandergestapelt im
schrank
jemand bewahrt so etwas auf

morgen werden sie erwachen
werden noch ehe die mutter ruft
am mittagstisch sitzen
werden die zeit anbeten und
einen lassen

Tomas Tranströmer

die zeit kehrt zurück
kehrt die straßen
ich höre einen namen
ich denke es sind worte
sie tragen uns von einer
straßenseite zur anderen

man nennt es bewegung
man hört es
man hört es kommen

ein mann hat die augen geschlossen
er wurde nicht mehr geweckt
er legte die gedichte zur seite
die ihn von dort ansahen

so gerne hätten sie ihn gestreichelt
berührt
seine finger waren ganz still
ohne sich zu verkrampfen dachte
er einen letzten gedanken

legte ihn in eine zeile und
eilte davon

Luigi Malerba

drei hühner blieben
warum so viele fragten sie sich
sie zählten durch
sie wollten mehr sein und trotzdem
weniger
es wäre ihnen lieber diese gedan-
ken zu streichen
so wie jeder gedanke erst gestri-
chen und dann
gedacht werden muss
sie setzten sich aus
der hahn krähte
er war dünn und stolperte
er war nicht mehr der
der er früher gerne gewesen wäre
er hatte sich hals über kopf in den
dachlattenzaun
verliebt und bekam die kante jeden
morgen
er suchte seine nähe und vergrub
den schmerz
er krähte
er krähte nur weil er lieber ge-
schwiegen hätte
er musterte den gedanken
die hühner streuten angsthasenge-
würze in seine nähe

morgen wird gegrillt riefen sie
als suchten sie reste eines ereignis-
losen tages
so müde
so müde wurde die welt also
seit luigi malerba für immer einge-
schlafen war

Italo Calvino

du beginnst dieses gedicht zu lesen
du legst wert darauf in den worten
zusammenhänge zu sehen
du bist ein gebildeter mensch
keiner der die arbeiterhandschuhe
links anzieht
nein
du vergisst die arbeiterhandschuhe
ganz
außer im winter
im winter willst du dass es bequem
ist
du willst sitzen und lesen
die gedanken, sagst du, sind mir so
wichtig
auch die gedanken eines anderen
aber es irritiert dich dass das ge-
dicht keine schritte tut
es kommt einfach nicht vorwärts
plötzlich taucht ein sprungseil auf
der leser möchte es aufheben
es der leserin geben
aber die leserin sagt nur
sei doch still das gedicht hebt es
auf
hebt es auf und wirft es wieder hin

es ist traurig dahinterzukommen
dass das was worte
sind
oft nur deren schattenplätze bleiben
reste die unordentlich ausge-
schmückt
nicht wiedererkannt werden
ein gedicht läuft nicht
es kann auch nicht bellen
es gähnt höchstens wenn es getra-
gen wird
von einem müden leser
die leserin kämmt sich das haar
das darf sie
die augen bleiben offen
das hat sie versprochen
in der dunkelheit reist der reisende
er reist in diese immer wiederkeh-
rende winternacht
er sitzt auf einem pferd und schreibt
ein gedicht
ein anderer liest es und steigt ab

Kurt Schwitters

am brot mangelt es nicht sprach
der junge mit der berstenhaut
er saß auf einer bank und fing
zu husten an
geh weg von hier sprach er
es war nicht sicher ob er es zu
sich oder zur bank sprach

der junge wird ein mann
daran geht kaum ein weg vorbei
er wird einen knopf verlieren und
er wird zurückkehren

zurück zur mutter
die den vater vergisst und
dem nachbarn den hof macht

zertretene hustenbonbons auf der
reise
der planet ist ein flaches gestell
der mann der vergessen hat was
zeit ist
öffnet den flachmann
er hat früher an die zukunft ge-
glaubt
er erinnert sich und lacht
sein lachen klingt barsch

so barsch dass man vergessen
möchte
was lachen bedeuten kann
dunkle seelen
wir betrachten sie
sie tragen uns davon
was noch
wir wissen es nicht
wir trinken tee
unsere mobilen geräte reden miteinander
irgendwo die sterne
ein offener fluss in einer tiefen wunde
was suchen
was suchen in der zukunft
wir gähnen
wenn wir nicht gähnen sehen wir aus
wie soldaten die ihren tod durchsuchen nach irgendeinem stolz
so viel lachen
so viel tragik
als würden wir keine namen mehr erkennen
wir schlafen ein denkt er
er hat früher gerne von der zukunft erzählt
während nichts geschieht

während nichts außer der nacht
verschwindet
er lacht
sein lachen hindert einen vogel da-
ran
daraus ein ereignis zu machen
ein dichter schläft ein
hinter seinem schatten sieht man
eine versteckte blume
die sprache kennt seinen namen
noch

Zbigniew Herbert

es ist so still um dich
großmutter
der schnee der auf den letzten äs-
ten bleibt
beruhigt dich nicht mehr
du drückst das alte brötchen nicht
mehr in den warmen kaffee
du erzählst nichts mehr
auch nicht mit den augen

es ist so still um dich
als hätte zeit keinen sinn mehr
als strecktest du dich aus und
wärst gar nicht du
der morgen gegen den du gestern
noch anbrülltest hat seine spuren
sitzen lassen

du gehst weil alles andere nur
stillstand wäre
deine hoffnungslosen augen versin-
ken auf den ästen
dort wo der schnee liegen bleibt
selbst wenn er gar nicht fällt

Ugo Riccarelli

kurz bevor er starb
fragte er den stuhl der in
seiner nähe stand
nach seinem namen
der stuhl schwieg lange
knirschte
bewegte sich leise aus der tür
er wollte die anderen fragen
die anderen standen in der küche
herum
er sah sie an
fragte
wie heißen wir
die anderen stühle lächelten
draußen verging viel zeit
manche die das wussten
tranken ihren kaffee etwas schneller
andere wieder
redeten sich ein
jetzt besser nichts mehr zu tun
die stühle schwiegen
sie dachten nicht an namen
an erinnerungen kann man auch
denken ohne dass es etwas be-
stimmtes betrifft
das wusste der dichter

er hatte ihn nur zu den anderen
geschickt
damit er sein schweigen behielt

Arthur Schnitzler

ich soll nackt sein
damit es mit dem vater besser wird
damit der vater zu seinen schuld-
nern
sagen kann
meine tochter klebt nicht an ihren
kleidern
die kleider fallen ab und werden zur
nebensache

zur nebensache wird auch der dieb
beklaut hat mich der vater
der würgen musste
damit die erbsen in seinem bauch
kichern konnten
sollen sie kichern
ich lasse die augen fallen
stehe nackt vor dem direktor
der zahnräder

wozu verwandtschaft doch gut sein
kann
man steht nackt vor ihnen und sie
tragen die augen in ihre ge-
schlechtsfront und
fangen an zu wimmern
wo ist mein rad
mein rad

ich verstehe schon
ich habe es immer verstanden
wenn die mutter vom vater
etwas wollte
sagte der
ich habe das momentan nicht
aber morgen

er erzählte immer morgen
morgen werde alles gut
aber wenn er erwachte
war der morgen bereits vergangen-
heit

sei nicht prüde sagte ich mir
es sind doch nur seiten
auf den seiten lässt es sich
leicht entblättern
man geht mit den gedanken
einfach weiter und zieht sich
auf der nächsten seite einfach wie-
der an

Wenedikt Jerofejew

das alte zittern redet
mit den jungen
die sind klug und
wollen es besingen

hört zu ruft es
die jungen suchen nicht
nach worten
sie sind klug
sie wollen singen

es ist ganz einfach
sagt das alte zittern
die jungen lauschen
fragen sich
hat da jemand tee im mund oder
woher kommt das klagen

ihr müsst nur vergessen
sagt das alte zittern
ihr müsst vergessen
dass man auch nicht zittern kann

der schrecken fängt die jungen ein
die worte klingen in ihren ohren
wenn sie welche hätten
würden sie damit staunen

aber staunen wollen sie nicht
singen wollen sie
sie wollen so lange zittern
bis jemand die augen schließt und
auf das ende der trunkenheit wartet

Miroslav Krleža

er kam von dieser reise
nach hause
er wusste
er war nicht willkommen

seine mutter erkannte ihn
nicht mehr
ihre augen hatten ihn verlassen

er zeigte auf die berge
auf den schnee
auf den vergessenen winter

er setzte sich auf die strafbank
das war ganz natürlich
er war unschuldig
seine mutter hätte es bezeugen
können
aber seine mutter erinnerte sich
nicht mehr

er wies auf die pflicht
auf die zeiten
es beruhigte ihn dass man die hun-
de
an die ketten gebunden hatte

er dachte nicht
dass die augen später kommen
das alles wieder werden würde

sein inneres zog sich um
er saß auf der strafbank
es irritierten ihn die blicke
es waren dieselben blicke
wie damals
nur
dass sie die augen schlossen
um ihn besser zu sehen

Bogdan Bogdanović

du warst im traum nicht du
aber auch kein anderer
du gingst eine treppe hinunter
je weiter du gingst
desto breiter wurden die stufen

du musstest an die menschen denken
die diese treppen verfluchten

du stelltest dir eine nacht vor
in der du alle sprünge einfängst und behältst

du warst im traum der verteidungsminister eines landes
das man völlig zerstört hatte

deine zähne waren sauber
aber aus deinem mund drangen
stimmen von erinnerungen

die unzählbaren treppenstufen
drangen in dich
sie riefen
es sind die tränen die uns breiter
werden lassen

es kam dir vor als ob sie lächelten
es kam dir vor als wären sie durstig
vor lauter lachen

Mehmed Selimović

ich ging durch die stadt die den rest
meines schlafes bedeckte
ich sah schaukeln vor mir fliehen
eine nacht in der die spitzen schuhe
eines mannes auf dem gehweg
lagen
ich sah mich
wie ich gegen die wand pinkelte
einen vergessenen brief in den
händen
das war später
später als ich dachte
ich muss ihr schreiben damit ich sie
nicht vergesse
ich sah jungs mit bällen spielen
sie fragten mich
ob ich mitkäme
ich war plötzlich wieder der kleine
junge
ich hoffte dass ich nicht erwachte
nicht bevor ich diesen ball zu fas-
sen bekam
meine mutter rief vom fenster aus
einen namen
als sie merkte dass ich nicht kom-
men würde
wurde sie sehr traurig

später rief ich ihren
ich rief ihn bevor der ball in den ab-
grund fiel und ich erwachte

Tadeusz Różewicz

die unschuldigen kehren zurück
sie tragen alte schlüsselbänder in
den händen
sie rascheln
sie rascheln und suchen
suchen die gestohlene zeit

du hörst es doch
du hörst das rascheln
es vermischt sich
es vermischt sich mit dem wind
du hörst das rascheln doch auch

wie müde müssen sie sein
solange sie diese schlüsselbänder
tragen
diese schlüsselbänder mit denen
man rascheln kann

was ist da draußen los fragt ein kind
und erhält keine antwort
es gibt keine antwort
es gibt nur ein rascheln
das rascheln zieht in ihre glieder
es wird etwas geweckt
etwas das begraben werden aber
nicht zurückkehren soll

sie sind zu müde
zu müde um zu schlafen
sie wecken keine zeit
sie rascheln
sie rascheln bis es zu ende ist
bis alles wieder an seinem ort ist
und sie
beruhigt einschlafen können

Bohumil Hrabal

alle behaupteten dass niemand auf
dem mond sei
nicht einer sei dort
behaupteten die realisten unter uns
ich weinte
ich konnte mir das nicht vorstellen
was ist los fragte die lehrerin
ich mochte die lehrerin
abends trank sie sicher tee mit
ihrem mann und sie redeten oder
schliefen miteinander
ich war fünfzehn damals und ich
dachte
die menschen würden ständig mit-
einander schlafen
sie würden miteinander schlafen
weil es viel schöner ist
miteinander zu schlafen als gegen-
einander
ich fragte sie nach dem mond
sie lächelte
was redest du da
der mond ist doch nur ein gedanke
immer wenn wir ihn sehen denken
wir uns etwas
etwas fröhliches schönes trauriges
oder dummes

ich wunderte mich
ich war fünfzehn
warum erzählte sie mir so etwas
sie aber sagte
du musst heute nacht zu ihm sehen
sieh genau hin und am morgen erzählst du
in der klasse was du gesehen hast
ich tat es
wartete bis es nacht wurde
der mond war da
ich stellte mir meine klassenlehrerin
vor wie sie von ihrem mann ausgezogen wird
wie sie nackt voreinander stehen
sich schon nicht mehr ansehen
es treiben
treiben so weit bis ihre körper
helle lichter sind
die das universum durchqueren und
halt machen auf dem mond
als ich wieder nach hause ging
dachte ich
daran am nächsten morgen zu fehlen
aus irgendeinem grund wollte ich
das alles behalten
denn einmal erzählt stimmen nur
noch die traurigen geschichten

Dezső Kosztolányi

hören sie zu sagte er
ich erzähl ihnen die geschichte nur
einmal
wenn sie nicht interessiert sind sa-
gen sie es gleich

ich wollte
ich wollte unbedingt
er sollte sich nur kurzfassen
ich hatte meinen weißdornsaft noch
nicht getrunken

er sagte
es macht mich sprachlos wenn ich
daran denke
aber ich erzähle es

er wirkte unruhig
als wollte er sich selber daran hin-
dern
es zu sagen

ich stand am fenster
sah einen mann sitzend vor
einer häuserfassade

da kam ein pferd um die ecke

fragen sie mich nicht
woher diese ecke plötzlich kam

ich hatte nicht aufgehört dort hinzu-
sehen und
ich sah keine ecke nicht
trotzdem war sie da

sie war nah
wie alles unnahbare da war
wie kommt es
fragte er
dass wir uns immer nur über das
gedanken machen
was deutlich vor unseren augen zu
sehen ist

ich fand seine sätze blöd
aber es ihm sagen
das fiel mir nicht ein
ich dachte nur
es muss der weißdornsaft sein
der noch nicht getrunkene weiß-
dornsaft
der macht
dass ich schweige

sie wollen doch wissen wie es wei-
tergeht fragte er
natürlich meinte ich

ich warte auf nichts anderes

er musste doch bemerken dass ich
log
er bemerkte es ja auch
ich sah es ihm an
er lächelte

das pferd gab dem sitzenden mann
ein bonbon und
verlor sich im pulk der anderen
kurz darauf saß ich in einer kneipe
da ging die tür auf und der mann
kam herein

er setzte sich neben mich
bestellte ein bier und sah mich an
ich wusste er wartete darauf dass
ich ihn fragte

aber ich fragte ihn nicht
denn ich kannte das pferd
es bekommt jeden morgen ein sah-
nebonbon und
es hat diesen geschmack satt

jeden morgen sucht es sich einen
anderen aus
den es beschenken kann

es fehlt ja in der stadt nicht an sol-
chen wie ihm
ich bin ja auch so

Allen Ginsberg

da waren zwei architekten
ziemlich heruntergekommen
sie aßen oblaten und sprachen
von gott und dem glück
sie bauten häuser die aussahen
wie nussschalen
sie hörten nicht auf
solche häuser zu bauen

was vergruben sie
sie vergruben etwas
sie suchten es später
später wenn sie nicht mehr
von gott und dem glück sprachen
sie überqueren flüsse
sie zeigen auf ihre notizen
auf ihre notizen kann man
verzichten
auf ihre häuser auch

niemand wohnt darin
dafür sind sie nicht gebaut
sie aßen oblaten und
redeten weiter
sie redeten mit der unendlichkeit
die kein wort verstand

Ivo Andrić

sarajevo
das eine auge hältst du geschlossen
das andere sieht für zwei
du siehst wie du leiser atmest
du spürst
du musst irgendwo anders sein
es ist nicht auszuhalten
all diese flügel
diese not die sich nicht aus dem staub macht
diese unüberbrückbaren stellen
die wunden die niemand vergräbt
nachts
rufen die alten
von dem wenigen das wir haben
können wir die ganze welt satt machen
sie schweigen
wenn die schönen vorbeigehen
sich fragen
woher kommt es
dass wir uns immer nach anderen orten sehnen
aber sind wir einmal da
schauen wir nur in deine richtung
sarajevo

Aleksandar Tišma

als er auf dem weg zum bahnhof in
novi sad war
dachte er..man hat mich reingelegt
er hielt eine schaufel in der hand
mit der er seinen namen vergraben
sollte
er fand in seiner jackentasche eine
halbe tafel schokolade
er durfte nicht stehenbleiben vor
den friedlichen blicken
der soldaten
die mit ihren augen auf sarajevo
schossen
es kam ihn vor als trockneten sie
sich mit flachmännern und ab-
scheulichen witzen ab
er sah durch sein gedächtnis
er dachte
das sind nur sätze
worte
kleinlaut aufgeschrieben
ich kann genauso gut auf der stre-
cke bleiben
mir vorstellen
ich heiße aleksandar tišma und
mein leben ist anderswo

Henri Michaux

plume war damals schüler und
er hatte diese idee für immer schü-
ler
zu bleiben
einmal lag er krank im bett
er dachte an die anderen
an die anderen in der schule
er dachte
bin kein schüler mehr
bin krank und während er krank war
starb die schwester eines schulkol-
legen
er mochte ihn nicht besonders
weil er kieselsteine verschluckte
seine schwester kannte er nicht
nun war sie tot
tot war schwer das wusste er

er erfuhr es am nächsten tag
am nächsten tag war er nicht mehr
krank und
so erfuhr er dass die schwester des
schulkollegen
gestorben war
was ist passiert fragte plume
die anderen kicherten
gestern war es geschehen

alle schülerinnen und schüler stan-
den aufgereiht vor
dem schulkollegen mit der toten
schwester
alle gaben ihr mitleid ab
nur dirk der nicht aufgepasst hatte
gratulierte ihm zum geburtstag
plume war froh dass er nicht da war
er hätte sicher dasselbe getan

Iwan Turgenjew

es war einmal ein böser mann
der wollte nicht mehr böse sein
er ging zur kleinen kirche
öffnete die tür und setzte sich
ganz nach vorne
er sah zum altar
sah die breiten wände
die dichten vögel zwitscherten
sie hatten es sich in den ecken ge-
mütlich gemacht
sie vögeln dachte er
ich kann es gut hören
er schämte sich
er wollte gut sein
er wollte die dinge nicht einordnen
er wollte staunen
er wollte auch über die vögel stau-
nen
da kam der pfarrer
der pfarrer kam und sah ihn
dich sagte er
dich habe ich hier noch nie gese-
hen.
der mann lachte
er wollte nicht böse lachen
er lachte böse
er wollte nicht

aber was sollte er tun
du sagte der pfarrer
hast du nichts zu sagen
nichts zu erzählen
er fragte
willst du beichten aber
wir haben keinen beichtstuhl mehr
er ist uns gestohlen worden
in letzter zeit wird viel gestohlen
man fragt sich
was die herrschaften tun
wenn alles gestohlen ist
ob sie sich dann aufregen
briefe schreiben
ob sie anfangen gut zu werden
aus einer laune heraus
gut
sie sagen sich
gestern waren wir noch böse aber
heute
heute wird alles gut
er lächelte
die vögel waren still
sie hatten wohl angst
jemand könnte ihren akt mögen und
ihn stehlen
das wäre ja die höhe
deshalb blieben sie still
das war besser so

die stille kroch auch in den bösen
ein
er dachte
morgen kaufe ich mir einen hund
den bind ich vor der kirche an und
immer wenn er dort angebunden ist
denke ich
es ist etwas gutes im menschen
er hilft den wütenden tränen
er trägt sie mit
egal wohin er geht

Eugène Ionesco

marie, nenn mich nie wieder marie
hörst du

ada, aber marie, schau nur, ich ha-
be die schufaauskunft, es geht alles
gut, sie haben mich angesehen

marie, du nennst dich ada, dabei
heißt du nicht ada, du denkst, mir
fällt es nicht auf, weil du mich so
ansiehst, aber ich durchschaue dich
doch, was sagten die von der schu-
fa.

ada, sie sagten, was sie immer sag-
ten, sie sagten, dass es keinen sinn
macht, dass ich komme, aber sie
haben mich angesehen.

marie, du weckst etwas in mir, ent-
weder eine art zärtlichkeit oder ich
rede besser nicht darüber. helmut,
es ist besser, wenn du klar siehst,
du hast deine zukunft hinter dir, sie
existiert nicht mehr.

ada, aber marie, wozu, wozu sind wir dann da, wenn es so ist, wie du sagst, weißt du nicht, dass ich von dir träume, ich träume doch nur von dir.

marie, das hört auf, schon bald wirst du von deinen socken träumen und denkst, du träumst von mir, und nenne mich nicht marie.

ada, du denkst, in dir wäre keine leidenschaft, weil du alles begriffen hast, aber ich sehe dich doch, ich erkenne dich doch, marie, du stehst doch vor mir, du bist es, du bist die, mit der ich zum ersten mal zur schufa bin, du hast mich geweckt.

marie, ich hätte dich besser schlafen lassen sollen, im traum war alles anders, da hast du recht, es gab dort dinge, die wir beginnen konnten, wir mussten nichts tun und trotzdem kamen wir nicht mit leeren händen. aber das war eben der traum, der traum ist vorbei.

ada, ist vorbei.

marie, und der schlaf ist vorbei.

ada, ja marie, ja marie, ich weiß
marie, es war alles nur, ich wusste
es, aber ich wollte nichts davon
wissen, aber du hast recht, siehst
du, ich habe den hut aufgesetzt und
nun gehe ich.

marie, wohin gehst du

ada, ich kehre in meine welt zurück,
du hast mir die augen geöffnet.

marie, so bleib doch, wer hat dir die
augen geöffnet, ich?

ada, marie es ist alles wahr, du er-
kennst es, wenn du erwachst, wenn
du erwachst, ist dort, wo wir stehen
nur
eine leere stelle, eine leere stelle,
aus der die sichtbarkeit wächst.

marie, es wächst, du hast recht, es
wächst aus uns heraus, wir hätten
kein wort verlieren dürfen, wir ha-
ben sie alle verloren, ganz kalt ist
es dort, wo ich eben noch zitterte,

helmut, halt den mund, nur so haben wir eine chance.

ada, ich kann den mund erst halten, wenn wir verschwunden sind, das ist das schicksal, erst wenn wir verschwunden sind, kommen wir zusammen.

Gebrüder Grimm

ich war der wolf
ich nahm es als geschenk

ich nahm alles als geschenk
auch den tod
auch die steine
selbst den schuss des jägers (was
ist aus ihm geworden)

ich wurde geboren
es war einmal
ich trank kühl die bäche
bis sie trocken wurden
dann gab es nur noch steine
ich zog in den wald

der wald kam ohne steine aus
ich nicht
ich trank die verluste aus den bäumen
sie trockneten ein
das machte geräusche
die weckten rotkäppchen

rotkäppchen sang
sie sang das ewige lied der jugend

sie war jung weil sie es bleiben
musste
ich lachte ihr zu
ich lachte ihr solange zu bis sie ein-
getrocknet war

Lew Nikolajewitsch Tolstoi

das schreibpult
vor ihm saß er und schwitzte
warum er schwitzte wusste er nicht
wir wissen es
denn das zimmer ging zur welt hin-
aus
er konnte nicht anders
er sah alles
er musste schwitzen
seine frau rief ihn oft
komm zur suppe
er kam und dachte doch
immer ruft sie mich
aber nie
geht mein wirkliches ich
zu ihr
immer drängt es mich
zu verstecken was ich bin
wer bin ich schon
nur der schaum einer nacht
in der wir uns verstanden
sie in einem klugen kleid und
ich mit viel zu großen schuhen
er betrachtete sich
wie er die welt betrachtete
es war alles so fern

wie der tote winkel mit dem das
leben pläne schmiedet
pläne die alle vergessen werden
müssen
damit die betrachtung sich nicht
ändert und die suppe nicht kalt wird

E.T.A Hoffmann

er war spät noch unterwegs
suchte einschnitte die
nicht wehtaten
suchte das glück sowieso
suchte und suchte
suchte die nacht
die nacht wurde immer träger
er spürte was er suchte
er spürte es auf
er setzte sich auf einen stein
auf diesem stein hatte niemand
vor ihm gesessen
er träumte
träumte er sei eine frau
die vergessen hatte wer sie war
sie setzte sich auf einen stein
niemand hatte vorher auf diesem
stein
gesessen
als sie erwachte stand er auf
keine nacht mehr
alles wurde heller
sie dachte
es sind die strümpfe die mich halten
sie dachte
es sind die kreise die vor mir fliehen
sie lächelte

dann ging sie weg
ließ ihn stehen und während er ging
dachte er
wo waren die worte
während ich schlief

Cesare Pavese

deoala wollte in eine kneipe gehen
sie wollte in eine kneipe gehen und
irgendeinen von diesen unverständ-
lichen typen
verstehen
in ihrem zimmer hing ein poster von
timo
timo war ein fußballer
er wohnte nicht mal in ihrer nähe
und
trotzdem war sie ihm nah
so nah
dass er manchmal an der tür zu
klopfen schien
manchmal erwachte sie davon und
glaubte
der schienenverkehr sei schuld

sie saß in einer dieser kneipen in
der man
reinkam und sofort angesprochen
wurde
sie wurde von einem dicken ange-
sprochen
der dicke war aber nicht dick
er hatte sich nur dick angezogen

sie hatte mitleid mit ihm
stellte sich vor dass sein vater ein
terrorist sei und dass es der sohn
schon deshalb nicht so einfach habe
sie spürte dass sie in seinen
schmerz eintauchen wollte
sie dachte nicht an timo

timo war der abwesende der ihr
manchmal kurz erschien
kurz bevor sie die augen öffnete
und sich einen lautsprecher vorstellte
der über die ganze stadt hinweg zu
hören war
sie wünschte sich eine pause von
solchen vorstellungen
sie wünschte dass es irgendwo eine
sache gebe
die man einfach nur erledigen
musste

im fernsehen gab es nichts als
shows
in den shows war von allem und
nichts die rede
sie schwangen die herbstlichen beine

glänzende tanzkleider die in alle
geschlechtsteile
verliebt waren
mitunter vergräbt man sich selber
man trägt die nacht unter sich und
es sieht ein bisschen aus
als könnte man das ganze leben
ausgießen
ohne dass man etwas vermisst da-
nach

Heinrich Heine

liebelein, ich bin müde
ich stochere im ewigen grab
ich frag dich, wo dein töchterlein ist
ist sie schon auf dem weg
den weg zur schule kenne ich
ich saß dort oft und rauchte
ich durfte nicht
meine eltern hatten es verboten
sie riefen: schau lieber den spatzen
zu...sieh bloß, wie eitel sie sind
ich fand es aber nicht eitel
was die spatzen taten und
so rauchte ich
ach, liebelein
wo ist das verschwundene
das meer in deinem haar
was verbirgst du wenn du
von unseren kindern die tränen ab-
schneidest
wen versteckst du
wenn du vergisst
liebelein
wir pausieren doch nur
wir suchen den nächsten
himmlischen polarstern und greifen
hinein
schon bald
schon bald

Knut Hamsun

angst
angst man könnte dich verstehen
angst
man könnte deine angst übersehen
angst
das fremde fiele aus deinem ge-
sicht
was bleibt
was bliebe
was würde es nützen zu sagen
geh weiter
die fremde ist nah
ist in den schritten
du weißt wie du sie einfängst
sie betrügst
du hast nichts als kummer im bauch
das zimmer ist vergangenheit
du zählst die jacken die du nicht
trägst
es ist schwer
schwer in solchen zeiten ohne füße
spazieren zu gehen
du trägst diese handlung auf einen
zettel
ganz dunkel legt sich der bleistift
hinein

es kratzt ihn wenig dass du augen
hast
es kratzt ihn wenig dass deine au-
gen deinem bauch sehr ähnlich
sieht
die leere spiegelt sich in der leere
wider
du stehst wie der schrei eines
selbstmörders an der brücke
du siehst hinunter zum fluss
wenigstens bin ich nicht einsam
denkt er und geht weiter
ohne zu wissen
    warum er das gedacht hat

Imre Kertész

da ist kein rahmen
keine handlung
es regnet augen
es regnet tote
sie zu zählen wäre keine qual

von ihnen reden
während es draußen regnet und
man nicht weiß
soll ich die schwarzen socken tragen
oder die
die man nicht mehr sieht,

man zertritt sie
man redet über sie
man sagt
sie hatten keine namen
es waren einfach nur
die

so ist erinnerung
sie reißt nicht ab
sie verletzt uns nicht
sie liegt im grab und
zählt das schweigen

Charles Baudelaire

du schläfst im anderen zimmer
du schläfst den gesichtslosen traum
du redest dir ein
morgen werde ich erwachen und
still und einsam meine arbeit tun
du erwachst
doch überall ist ein gefängnis
du bist erwacht und
denkst
es ist der schlaf der mich
eingeschlossen hat

du siehst wie du dich am morgen
erkennst
du erkennst dich an den zeilen die
übrig geblieben sind
du weckst die zeit
die neugeboren wird
mit jeder zeile die du schreibst
beginnen die gefängnisse
zu zittern

sobald du fertig bist
bist du frei und tot und wenn du
erwachst
liegst du im grab und versuchst es
mit einer neuen zeile

Harold Pinter

bist du noch hungrig
wie war der krieg
war der krieg gut
du hast ja noch gar nichts angerührt
hab dir den schmelzkuchen ge-
macht
den deine mutter so gerne für dich
jagst du den anderen noch hinter-
her
es macht mir nichts aus
ich will es nur wissen
immer wenn irgendwo ein haus
brennt und ich höre die schreie
vermisse ich dich
wann bekomme ich endlich das
freizeichen das du mir schon so
lange versprochen hast
meine güte
zieh dein hemd aus
sie haben es beschmutzt mit ihren
augen
du musst ihnen sagen
wie wertlos ihre blicke sind
vielleicht fangen sie dann an zu
kapieren
du bist hungrig
das sehe ich doch

du hast mich nicht vergessen
wie war der krieg
war er gut

ja er war gut und er geht weiter
sie bauen neue raketen
die raketen löschen ganze städte
aus
ich weiß
das ist nichts neues
aber stell dir vor
dieselben raketen bauen die städte
wieder auf und wenn sie neu er-
strahlen
sind wir die ersten
die dort einkaufen werden
lachend
wie schon lange nicht mehr
gehen wir durch die einkaufszone
kaufen alles was uns gefällt
das ist glück
warum begreifen das die toten nicht
wenn sie fallen
warum schauen sie uns immer an
als würden sie nichts verstehen

Clarice Lispector

als es auf der welt begann
war das
ja
noch unterwegs
das
nein
war hinter ihm her
das wusste es
es zwang sich zu glauben
dass es keine angst habe

es lebte in dauerhafter einsamkeit
es bedauerte sich
oft
aber dann fragte es sich
bist du glücklich und es sagte
ja

warum sollte es also nicht einfach
stehen bleiben
rast machen
der welt entsagen

niemand wusste doch
dass es existiert
die leute die waren
beschäftigten sich damit

sich anzusehen
da war ein
ja
nicht erforderlich

aber dann eines tages doch
da stand adam vor eva und
es sah ein bisschen aus
als hätte sich was verändert
was hast du fragte sie
ich möchte dich was fragen
aber wie dachte eva
wie antworten

unsere zungen brechen doch ab
wenn uns nichts einfällt
und wie sollte uns etwas einfallen
wo wir doch immer nur an den
dingen vorbeireden
diesmal war es anders

adam wollte eine frage stellen und
sie
was sollte sie mit der frage tun
dürfen wir uns lieben fragte er
sie sagte
wir dürfen den apfelbaum nicht an-
rühren

das war ein kosmische antwort

anhand ihrer stimme wusste er
dass sie kosmisch war und doch
etwas war falsch
das
ja
musste weiter
es musste schon deshalb weiter
weil es vom
nein
verfolgt wurde

das
nein
kam näher
es war fest entschlossen
zuzupacken
das
ja
für immer auszusperren
für diese welt

da sprang das
ja
in evas herz und das
nein
sprang
in das von adam

adam fragte
willst du mit mir schlafen und

eva sagte
ja
und du
fragte sie ihn
willst du

Nikolai Wassiljewitsch Gogol

eines morgens verschwanden alle
nasen von der welt
das war ein schlimmer tag für die
zeichner und brillenträger
für die optiker war es nicht ganz so
schlimm
sie verkauften einfach keine brillen
mehr
stattdessen räumten sie die läden
und fuhren in die anderen städte
dort kauften sie sich ruderboote und
setzten sich ab
den anderen erging es nicht gut
sie wollten doch alle die zukunft
sehen
aber alles was sie sahen waren rudernde optiker
manche winkten ihnen aber manche
trieben einfach so fort
eines tages erwachte man und
vermisste sie nicht mehr
all die nasen
man fragte sich sogar
was sie zu suchen hatten
in unseren einzigartigen gesichtern

Chenjerai Hove

sie ließ alles offen
außer die tür
ganz außer sich war er
ihre augen stöhnte er
wenn sie bloß keine augen hätte
er war verrückt nach ihr
sie schrieb es
sie schrieb es in ihre augen
sie öffnete das fenster
er sprang herein
als seine augen froren holte sie ihn
aus der nacht zurück
sie dachte..er ist glücklich
weil er die augen nicht öffnen muss
sie schlief
während sie schlief
hörte er sie kommen
sie kam immer um dieselbe zeit
sie träumte
sie belügen sich auf diese einfache
art
er sagte ja und sie nein
als sie ja sagte
erwachte er und öffnete die augen
sie stand vor ihm
öffnete die türe und sagte
mach es gut

Chinua Achebe

wo gehen wir denn hin vater
wo gehen wir denn hin
wir gehen doch nicht weg
ich will nicht weg
ich will ja nicht einmal zu hause sein
zu hause hört das weinen nicht auf
du siehst es doch
du kannst die tränen doch sehen
du siehst wer da weint
du kannst es doch sehen
vater wohin
wohin geht das mit mir
dass ich dauernd denke
es sind die verluste die uns fröhlich zuwinken
die uns grüßen
als hätten wir eine nachbarliche beziehung zu ihnen
als wären wir dort und du da
das ist doch möglich
man braucht sich nicht zu verstecken und ich begreife
ich begreife dass nicht wir gehen
nur du
du gehst
du gehst und du sagst
sieh mir nicht zu wenn ich verschwinde
das verschwinden gehört nur mir

José Saramago

du fuhrst in der verkehrten richtung
durch die letzte nacht
du lagst im bett
es schwiegen die tränen
es gingen freunde im park spazie-
ren
sie sprachen mit den fischen
die es auch schon wussten
die lichter der hauptstadt lagen un-
ter dir
die wolken reisten mit
ein vorhang senkte sich
jemand der gerne schlief
erwachte
die eintagsfliegen sammelten sich
und fragten
was denn
jetzt schon?
du fuhrst noch einmal durch dein
gesicht (das du vergessen wirst)
der rest geht schlafen dachtest du
und flogst
mit den anderen davon

J. D. Salinger

am ersten januar wurde er geboren
als er geboren wurde brachte
mein onkel mir das radfahren bei
mein onkel hatte immer an mich
geglaubt
nur an sich nicht
wenn er trank
trank er mehr als die anderen
wenn er trank hielt er alles andere
für überflüssig
salinger wurde am ersten januar
geboren
als er zum ersten mal erwachte
fragten sich die verwandten meines
onkels
wann endlich etwas aus ihm werde
immer muss aus jedem etwas werden
dabei sind wir doch alle nichts
nichts gegen salinger
denn salinger hat geschrieben
er hat gegen das sinnlose in unserem leben geschrieben
er hat die worte erkannt und er hat
nicht vergessen
dass sie nichts sind gegen das
schweigen

Herman Melville

du
dicker
dicker
wal
du
trägst
deine füße
im inneren
du gehst mit ihnen
in deinem inneren
spazieren
du weißt
deine füße
können nicht schwimmen
so schonst du sie
vor dem untergang
du dicker
dicker
wal

Virginia Wolf

die tür einen spalt geöffnet
schon bist du erwachsen

kannst nicht mehr zurückschauen

das fenster geöffnet
die raucher schweigen unten

sie schauen zu den schornsteinen
als betrachteten sie sich

als betrachteten sie sich mit einem
auge
das andere will weg
ohne dass es verschwinden kann
bleibt es
wo es ist

nur die sicht verändert sich
seit du die tür geöffnet hast

Doris Lessing

wir trinken sagte ben
er hielt eine kerze in der hand
er hielt sie wie ein pfand
was ist fragte ben
er wurde ungeduldig
es war nicht gut wenn er ungeduldig
wurde
mit wem willst du trinken fragte er
sich
hielt die kerze in der hand
hielt sie fest wie einen brief den
man nur lesen konnte wenn man
ihn festhielt
mit mir antwortete er sich
er hätte gerne in etwas gestochen
in irgendeine wunde die einem nicht
fremd war
man muss den schmerz schon
kennen
damit er einen beruhigt dachte ben
dann lächelte er
nur kurz
er hielt die kerze in der hand
er konnte nicht lachen
er musste sie halten

Jurij Mamlejew

manchmal wenn ich angst habe
stelle ich mir einen mann vor der
noch ängstlicher ist als ich
er geht durch die straße und erwar-
tet nichts gutes
bereits hinter der nächsten ecke
könnte einer versteckt darauf war-
ten dass er sich am ohr kratzt
ins café geht er nicht mehr
er hat angst vor den menschen
noch mehr als ich
ich fahre fahrrad
falle in pfützen
ohne dass ich angst habe etwas zu
riskieren
er dagegen lacht nie
wenn er an den weltschmerz denkt
oder an irgendeine kugel die seinen
namen trägt

Hans Arp

herr hut trug einen hut
das war alles

das war nicht alles
er stieg in einen bus

er trug einen hut
einen billigen hut

da ging ein wind
jeder konnte sehen wie der pfiff

der pfiff ohne geräusch
der machte ein geräusch
aber es war keines

herr hut saß im bus und dachte
wenn ich draußen wäre
hätte ich keinen hut mehr

herr hut trug einen hut
er trug ihn in der schachtel
der wind ging
die schachtel drückte er fest an sich

Vladimir Nabokov

jede menge mängel
in den häusern
geräusche
in den schritten
vergessliche orte
jede menge augen
die alles versprechen
die nichts mehr sehen
hinterher
wenn alle geräusche
aus den häusern fallen
und nur die schritte
lautlos hallen

Alfred Jarry

du krochst in das tiefkühlhaus
du hattest deine jacke vergessen
du frorst
was sahen deine augen
außer
ein paar kisten mit weinbergschne-
cken
tintenfische die nichts mehr
verstanden
hummerkrabben die noch zitterten
das geräusch der toten fische
die ein lied summten
dunkelheit kroch in dich hinein
weil sie fror und sich etwas
von dir versprach

Mascha Kaléko

die nadel vermisst dich
die unsichtbare
die heimkommt
die vergrößert den abstand
zu dir
die sagt
ich bin nichts
sie vergisst
vergeudet
sie lehnt sich an
an was
sie weiß nicht
nicht dass sie lustlos scheint
sie scheint nicht
sie ist lustlos
lustlos geht sie weiter
sie zittert
die augen auf
tabakreste auf dem boden
irgendwo die zeit
die tut was sie will
die nacht
sie zittert
weil du mit jenen verschwunden bist
und
die anderen tödlich beleidigt
sind
weil man ihnen die schuld dafür gibt

Guillaume Apollinaire

gott ist einfach geblieben
während die schrauben
vor den controllern fliehen
während der verkehr an uns
vorbeigeht
ohne dass er uns berührt

was ist dein traum
dein traum ist ein gefängnis
du sitzt dort auf einem
der neuen stühle

die alten hat man verbrannt oder
man macht eine klare brühe daraus

was fängst an mit deinem lebens-
lauf
der eingerollt
aufgespannt bleibt

da sitzt du fest
da sagen sie
toter
zu dir

als hätten sie damit alles gesagt
und sprechen doch weiter und gott
ist einfach geblieben

Albert Camus

du hast sie gesehen
die kleinen vögel
die diesen schlepper
von einer seite
zur anderen
flogen
du hast sie gesehen
die bauern und ihre helfer
wie sie das feld bestellten
und niemand sonst sah es
nur albert camus
in einem traum
den er mir schenkte
flogen zwei kleine vögel
mit einem schlepper
von einer seite zur anderen
die bauern und ihre helfer
waren so verstrickt in ihrer arbeit
dass sie es nicht sahen
oder
sie waren es gewohnt und sprachen
schon nicht mehr darüber

André Breton

müde
müde ist man
nimm mich aus dem wort
leg mich ins gras
gib mir ein glas wasser
zerbrich es danach
geh mit mir fort
irgendwo ist das tal
an irgendeiner stelle werde ich es
sagen
man gewöhnt sich

leg die strecken zurück
leg sie dorthin
wo du hergekommen bist

es sieht dir ähnlich
das gedicht
es verfügt über dieselbe groteske
idee

so gerne den fluss entlang
so gerne die nacht
du glänzt durch abwesenheit und
trotzdem lässt du nichts liegen

Erich Mühsam

nach dem fest
rührten sie den teig
nicht mehr an

behaupteten
sie hätten das rezept
weggelegt und
den schlüssel
in den tausendjährigen
brunnen geworfen

nach dem fest
glitten sie
nach hause

um das fallen
machten sie
sich kaum gedanken

ihre bewegungen waren frei und
unschuldig

wenn ein mensch nicht mehr
gebraucht wurde
jagte man ihn weg

das hat man herüberretten können
der rest
wartet noch

Robert Musil

ich denk
ich sollte das fenster kippen
ihr einen brief schreiben

ich denke
ich sollte es lassen
ich sollte es bei den freizeichen be-
lassen

sie sagt
öffne das fenster
sie sagt
du hast mir nicht geschrieben

sie sagt
du musstest sicher etwas tun
etwas aufregendes
war es sicher nicht

sie zeigt auf die friedhöfe
auf den nebel der
sich durch die straßen quält

ich denke
es wird zeit
das fenster zu kippen
ihr einen brief zu schreiben

Aharon Appelfeld

die letzten züge
die nichts mehr suchen
die zukunft die aufhört wenn man
schweigt
macht aus den worten eine brennende lichtung

die sich erinnern
werden sagen es war am morgen
er fasste seine gedanken zusammen und
ging aus der tür
der letzte buchstabe vor dem punkt

als hätte jemand seinen namen
gerufen
als würde es beginnen
aber diesmal suchst du aus der
entfernung
die nächste brennende lichtung

Undine Gruenter

und dann nimmt er sie mit
ohne dass er etwas sagt
es könnte das rauschen der meere sein
das brummen der bären in den wäldern
es könnte wie der bruch klingen
der bruch einer langen beziehung
die aufhören sagen
es wurde zeit
die aufgehörten klagen
aber es tut mir immer noch leid
und dann sinkt sie hinein und tastet die ruhe
nach einem wort ab und jeder der sie erkennt
möchte das schwere aus ihren händen nehmen
aber gerade das will sie nicht
weil dass die betrachtung ist
mit der sie alles erkennen kann
den tod und das leben
das vergessen und die erinnerung

Szilard Borbely

du gehst zum dachboden
hängst dich auf
du gehst wieder runter
sitzt am mittagstisch
die großmutter hat keine zähne mehr und
doch bekommt sie jeden bissen runter
man sieht dich später
in den kalten gängen
du öffnest die augen nicht mehr
dabei schreit deine mutter
komm schon, wach auf
diese nacht
in der die vögel kreisen
um die zeit
wie um etwas dass man anknabbern und ver-
schlucken kann
wie der letzte tropfen eines alkoholikers
der in sich hineinblickt und darin erstickt
was kann man schon tun
was werden
wenn die zeit nicht den schweigenden gehört
du gehst zum dachboden
du denkst
es ist nichts
es muss nichts bleiben
du ziehst den strick etwas enger
du beruhigst dich
dein schatten wird dir immer ähnlicher

W.C. Williams

eine notiz
ein dichter
zum
schweigen verurteilt
ein dichter
unterwegs
zum nächsten
ergebnislosen gedicht
die zeilen öffnen sich
sie ziehen ein in dir
wenn du sie verwirfst
sieht die dunkelheit dich an

Arthur Rimbaud

das hautnetz
lauert auf einen sturz

die augen ignorieren
was ein satz sagen will
ein satz der schweigt
brennt im inneren des dichters

ein dichter ohne
worte
ein dichter der vergisst
was er
am meisten vermisst

das hautnetz
sieht immer nur den verletzten

Ingeborg Bachmann

du ergreifst
deine hände
du drehst deinen schatten um
du suchst die besseren orte
du suchst die besseren orte
du durchsuchst die besseren orte
dein herz klingt wie schweres metall
klingt wie der flug nach einer geiselhaft
du hörst es brennen in dir
du hörst es brennen in dir
du suchst die nacht in der du ankommst
du kommst nicht mehr an
deine hände
sie suchen dich
sie halten dich
damit du nicht fällst